Hanne Egghardt * Prinz Eugen

Hanne Egghardt

PRINZ EUGEN

Der Philosoph in Kriegsrüstung

***

Facetten einer
außergewöhnlichen Persönlichkeit

K&S
WIEN • MUENCHEN • ZUERICH

www.kremayr-scheriau.at

ISBN 978-3-218-00770-2

Schutzumschlag: *Media & Grafik, Wien, unter Verwendung eines Fotos von akg-images, Berlin, Gemälde von Jacob van Schuppen*
Fotos auf der hinteren Innenklappe: *Bundesministerium für Finanzen, Wien, Pilo Pichler (li. o.), Kroatische Zentrale für Tourismus (li. M.), Schlosshotel Savoyai Ráckeve (li. u.); Belvedere, Wien (re. O., M.); Schloss Hof, Lois Lammerhuber (re. u.)*
Typografie, Gestaltung, Repro: *Michael Karner, www.typografie.co.at*
Lektorat: *Elisabeth Hemelmayr*
Druck und Bindung: *MKT Print d. d., Ljubljana, Slowenien*

Inhaltsverzeichnis

[1]

Eugen von Savoyen – Prinz ohne Zukunft?

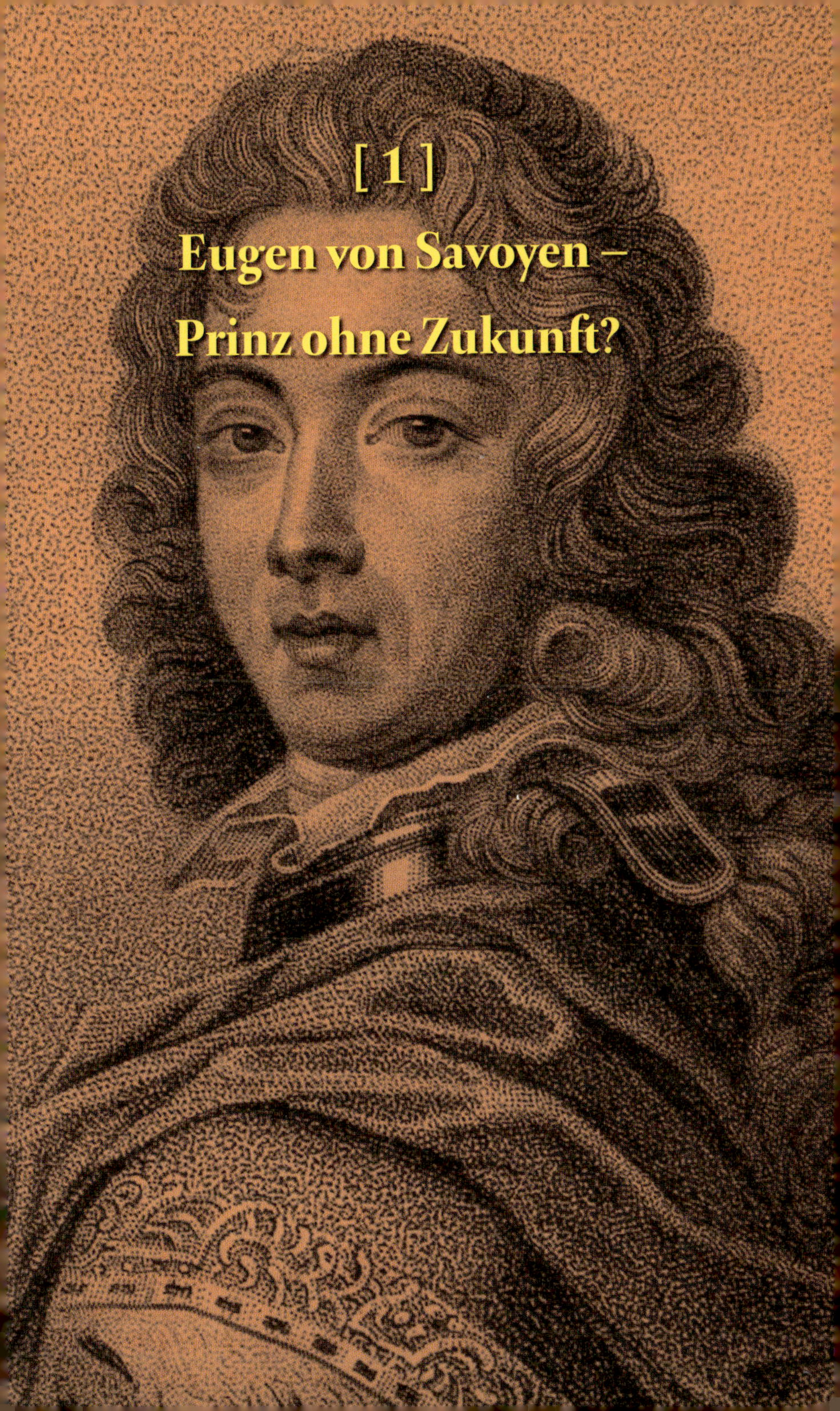

»… ein schmutziger, sehr debauchierter (verwahrloster) Bub, der gar keine Hoffnung zu nichts Rechtes gab …«

LISELOTTE VON DER PFALZ
ÜBER PRINZ EUGEN

Paris, Rue de Viarmes 2: eine Adresse, wie sie eleganter nicht sein könnte – und eine höchst geschichtsträchtige dazu. Wo heute eine 40 Meter breite Kuppel mit ihrem filigranen Netz aus eisernen Rippen die imposante Rotunde der Pariser Handelsbörse luftig leicht und streng zugleich überspannt, stand einst ein hübsches Stadtpalais. Katharina von Medici hatte es um das Jahr 1572 an der Stelle eines alten Nonnenklosters im Stil der Spätrenaissance erbauen lassen. Die Fassade des zweigeschossigen, von hohen, stolzen Dächern überragten Haupttraktes war fein gegliedert, das Palais besaß zwei ausladende Seitenflügel, einen Ehrenhof und weitläufige, mit Skulpturen geschmückte Gartenanlagen, in denen Springbrunnen fröhlich plätscherten. Wie ihre ganze Epoche verliebt in Astrologie und Sterndeuterei, hatte Katharina von Medici überdies einen 30 Meter hohen, säulenartigen Turm errichten lassen, von dem aus ihr Astrologe den nächtlichen Sternenhimmel über Paris beobachten konnte. Dieser nahezu bizarr in den Himmel ragende »Finger« ist heute das einzige, was noch an die alten Zeiten erinnert.

Zu Beginn des 17. Jahrhunderts kam das Palais in den Besitz von Prinz Karl von Bourbon, Graf von Soissons. Bald stieg es als Hôtel de Soissons zu einer der ersten Pariser Adressen auf. Ein Ort der Harmonie und des Friedens war es aber nie. 1655 kam dort Ludwig Wilhelm von Baden zur Welt, der später als »Türkenlouis« Berühmtheit erlangen sollte. Er entstammte der Ehe von Maria Luisa Christina, der Enkelin des Prinzen, die aus politischen Gründen mit Ferdinand Maximilian, dem Markgraf von Baden, verheiratet worden war. Die Ehe war so unglücklich, dass sich die frisch Vermählte weigerte, ihrem Mann nach Baden zu folgen. Dem Markgrafen aber gelang es später, seinen Sohn dorthin zu entführen. Den Alptraum Hôtel de Soisson erwähnte er Jahre später: »In disem Pariser Hof muß man sich sonderlich befleissen wohl bey den damen daran zu sein, aber fliehen wie die pest eine daraus zu heiraten, dann du sonsten dein lebtag kein ruhe haben und dein haus gäntzlich minieren würdest. Glaub mir dies mein liebes Kindt …«[1]

Glanz und Schatten im Hôtel de Soissons

Zu der Zeit, als die heillos vergnügungssüchtige und alles andere als prüde Italienerin Olympia Mancini dort lebte, trat das Hôtel de Soissons sogar in Konkurrenz zum Königspalast des Louvre. Zeitweise erschien Ludwig XIV., der Sonnenkönig, jeden Tag höchstpersönlich, um an einem Diner bei flackerndem Kerzenschein teilzunehmen, sich bei Musik und Tanz zu vergnügen oder irrwitzig hohe Beträge am Spieltisch einzusetzen. In den Salons beschäftigten sich die Damen in ihren knisternden Roben indes damit, Heiratspolitik zu betreiben, galante Abenteuer einzufädeln oder ganze Netze von Intrigen und Ränken zu spinnen.

Abseits der goldschimmernden Repräsentationsräume aber zeigte das Hôtel de Soissons ein ganz anderes Gesicht. In den Privaträumen war vom Glanz der Epoche nichts zu spüren. Niemand bemühte sich um geschliffene Ausdrucksformen, geist-

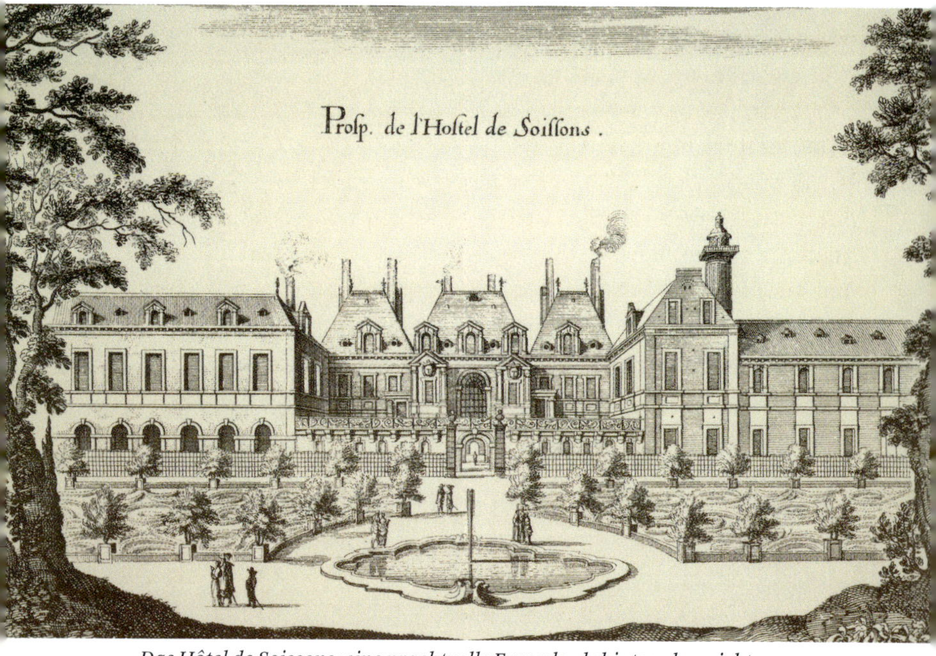

Das Hôtel de Soissons: eine prachtvolle Fassade, dahinter aber nichts als Tristesse und Verwahrlosung

reiche Bonmots oder gar anmutige Bewegungen. Hier wurde von früh bis spät gestritten, geschimpft und gekeift. In diesem Schlangennest wuchs unter der unbarmherzigen Fuchtel einer hartherzigen, bigotten Großmutter und beaufsichtigt lediglich von Dienstboten, eine Rasselbande heran: die Kinder des Grafen Eugen Moritz von Soissons und der Olympia Mancini, fünf Söhne und drei Töchter.

Sie alle waren ungeliebt und ungepflegt, der mit Abstand hässlichste unter ihnen aber war der am 18. Oktober 1663 als fünfter Sohn geborene Prinz Eugen von Savoyen. Wer den zu klein geratenen, leicht verwachsenen Jungen mit dem stets ungepflegten schwarzen Haar sah, gab keinen Pfifferling auf seine Zukunft. Und nicht nur das. Zeitgenossen notierten, dass man diesem »hässlichen Gnom«, dieser »Stumpfnase« kaum »das Wasser zu trinken gönnte«. Dass er einmal der größte Feldherr, ja sogar der heimliche Herrscher Europas werden würde, konnte damals freilich noch niemand ahnen. Am wenigsten vielleicht seine eigene Mutter.

Olympia Mancini war zwischen 1638 und 1640 – ihr genaues Geburtsdatum ist unbekannt – in Rom als Tochter eines römischen Barons zur Welt gekommen. Entscheidend für ihr Schicksal sollte ihr Onkel werden, der Bruder ihrer Mutter. Der 1602 als Giulio Mazarini in Pescina in den Abruzzen geborene Italiener hatte es in Paris als Kardinal Jules Mazarin zum ersten Minister Frankreichs gebracht.

Obwohl italienischer Herkunft, liebte er Frankreich abgöttisch, war ein unbeirrbarer Anhänger des Absolutismus und vermutlich sogar der geheime Gemahl der Regentin Anna von Österreich, der Mutter Ludwigs XIV.

Privilegiert durch Verwandtschaft – Kardinal Mazarin

Mazarin war ein gefährlicher und gefürchteter Intrigant. Er verstand es, die Fäden der französischen Politik zu ziehen wie kein anderer, ausgenommen vielleicht sein Vorgänger Richelieu. Als Staatsmann war er ein Genie, wahrscheinlich sogar das größte

Jules Mazarin: Der Kardinal, der nie zum Priester geweiht worden war, beherrschte die französische Politik – auch mit seinen Intrigen.

im damaligen Europa. Nicht zuletzt ihm war es zu verdanken, dass Frankreich zur reichsten und mächtigsten Nation Europas aufgestiegen war. In Frankreich selbst allerdings war seine Position keineswegs unangefochten. Als sich weite Kreise des Hochadels und der hohen Richterschaft im Widerstand gegen den zunehmenden Absolutismus in der »Fronde« formierten und es zu schweren Aufständen in und um Paris kam, die sogar die königliche Familie zur Flucht zwangen, richtete sich der Zorn auch massiv gegen ihn. 1651 musste er Paris verlassen. Zwei Jahre später aber hatte er die Fäden wieder in der Hand, die »Frondeure« waren ausgeschaltet, Kardinal Mazarin konnte in Paris feierlich Einzug halten. Die absolute Herrschaft für Ludwig XIV. war gesichert.

An seinem Glanz und seinem rasch wachsenden Reichtum wollte Mazarin seine Familie teilhaben lassen. Nach und nach holte er sieben seiner hübschen, temperamentvollen Nichten aus Italien nach Paris. Diese »liebestollen Mazarinetten« fegten wie ein Südwind, der die Nerven aufpeitscht und die Sinne verwirrt, durch den Louvre. Lebenslustig und mit der erdverbundenen Natürlichkeit und Phantasie ihrer italienischen Heimat ausgestattet, setzten sie sich über das starre Hofzeremoniell hinweg und flatterten wie bunte Falter von Liebhaber zu Liebhaber. Dafür, dass sie später alle bestens unter die Haube kamen, sorgte der Onkel mit dem Kardinalshut. Tatsächlich heirateten sie alle in die wohlhabendsten und bedeutendsten Familien Frankreichs ein: Conti, Vendôme, d'Este, Colonna, Mazarin, Mercoeur, Soissons.

Olympia – die zukünftige Königin von Frankreich?

Olympia war vermutlich die ausgelassenste der »Mazarinetten«. Sie war gemeinsam mit ihren beiden älteren Geschwistern und einer Cousine im September 1647 nach Paris gekommen. Bald brachte Kardinal Mazarin die Kinder im Palais Royal unter, wo sie zu den Spielgefährten des damals zehnjährigen Louis, des künftigen Königs Ludwig XIV., und seines Bruders Philipp wurden. Zu diesem Zeitpunkt war Olympia rein optisch ihren Verwandten gegenüber noch im Nachteil. Ihr längliches Gesicht und ihr etwas zu spitzes Kinn entsprachen nicht dem Geschmack der Zeit. Ihre lebhaften dunklen Augen und die Grübchen in ihren Wangen, die ihr einen süßen, verschmitzten Ausdruck gaben, lenkten von diesem Makel aber ab. In der Pubertät zeigte sich dann auch noch, dass sie zu groß zu werden drohte, und zu mager. Was aber an ihr faszinierte, waren ihr wendiger Geist, ihre Schlagfertigkeit und ihr natürlicher Witz. Olympia wurde zur Lieblingsgefährtin des zukünftigen jungen Königs.

Um das Jahr 1655, als die »Fronde« ausgeschaltet war und Paris nicht mehr von Tumulten und Krawallen erschüttert wurde, entwickelte sich das Leben am französischen Hof zu einer einzigen Kette von Vergnügungen. Louis und Olympia waren unzertrennlich. Gemeinsam führten sie die »jeunesse dorée« an, die von einem rauschenden Fest zum anderen eilte, in Balletten, Allegorien und Komödien auftrat, ritterliche Spiele organisierte, Aus-

Die schöne Olympia Mancini war lange die Herzensdame Ludwigs XIV. Nur allzu verständlich, dass sie versuchte, nach den Sternen zu greifen.

fahrten und Kahnfahrten bei Mondschein unternahm. Olympia war die anerkannte Favoritin des zukünftigen Königs, ihr Platz war stets an der Seite der alles überstrahlenden Gestalt des späteren Sonnenkönigs. Er überhäufte sie mit Geschenken, eines der symbolträchtigsten war ein Schmuckstück in der Form einer Sonne mit der umlaufenden Inschrift »Ne piu ne pari« – »nicht länger nicht gleich«.[2] Sie war seine Vertraute, seine Gesprächspartnerin, die Dame seines Herzens, seine »Königin«.

Dass sie tatsächlich die Königin von Frankreich werden könnte, war für die ehrgeizige und geltungsbedürftige Olympia durchaus denkbar. Und sie griff vehement nach den Sternen. Öl goss im Jahr 1656 noch die schwedische Ex-Königin Christine ins Feuer. Die faszinierende Frau, die bereits mit 18 Jahren zur Königin von Schweden geworden war, zehn Jahre später aber auf eigenen Wunsch hin abgedankt hatte, um einer Ehe mit ihrem Vetter zu entgehen, hatte schon bei ihrer Ankunft in Paris für Furore gesorgt. Um ihre weibliche Unabhängigkeit zu demonstrieren, war sie in Hosen und im Herrensitz in Paris eingeritten. Bei einem Festdiner sagte die Schwedin zum Entsetzen der Königin-Mutter und des Kardinals frei weg, Ludwig und Olympia sollten so bald wie möglich heiraten, diese jungen Menschen passten so vorzüglich zueinander.

Olympia war hingerissen. Schon einen Tag später erschien sie im männlichen Outfit à la Christine zum Jagdausflug. Olympia aber triumphierte zu früh. Die Königin-Mutter Anna von Österreich machte all ihre hochfliegenden Pläne zunichte. Für sie war das, was sich zwischen den jungen Leuten abspielte, nicht mehr als ein Flirt, »Tändelei«, wie man damals sagte. Dagegen hatte sie nichts einzuwenden, gegen eine Mésalliance hingegen schon. Für den künftigen König kam nur eine politische Verbindung in Frage. Das muss auch Kardinal Mazarin eingesehen haben. Noch dazu, wo auch seine Astrologen dieser Meinung waren.

Stammbäume & Heiratspolitik

Mazarins Spione aber hatten das junge, strahlende Paar im Visier. Bald stand eindeutig fest, dass der zukünftige König in die temperamentvolle Olympia verliebt war. Eine Jungfrau als Mätresse – das schickte sich in der damaligen Zeit aber nicht. Und als »angestochene Frucht« in eine Ehe zu gehen schon gar nicht. Also sah sich der Kardinal in aller Eile nach einem geeigneten Ehemann für seine Nichte um. Er nahm Verhandlungen mit der Prinzessin von Carignan auf. Für die Zusage, den erloschenen Titel eines Comte de Soissons neu ausrufen zu lassen, erklärte sich deren Sohn Eugen Moritz zur Heirat bereit. Dieser Prinz von Savoyen konnte mit einem höchst repräsentablen Stammbaum punkten. Zu seinen Vorfahren zählten die Bourbonen ebenso wie die spani-

Eugen Moritz von Savoyen, Graf von Soissons, Herzog von Carignan. Seiner Ehe mit Olympia Mancini entstammt Prinz Eugen.

schen Habsburger. König Philipp II., der Sohn von Kaiser Karl V., war sein Urgroßvater. Sein Großvater mütterlicherseits, Karl von Bourbon, Graf von Soissons, stammte aus einer Nebenlinie des französischen Königshauses, und sein Großvater väterlicherseits war der regierende Herzog von Savoyen, Karl Emanuel I.

In einer Epoche, in der die Macht Europas praktisch in einer einzigen großen Familie lag und die Herrscherhäuser alle irgendwie miteinander verwandt und verschwägert waren, galt die Herkunft als wichtiger Trumpf. Olympia beugte sich: Wenn sie schon nicht Königin werden konnte, so wollte sie in höchste Kreise einheiraten, die Gunst des Königs nicht verlieren und sich auch weiterhin im Glanz seiner Nähe sonnen dürfen. Die Hochzeit fand am 21. Februar 1657 statt. Der Klatsch blühte, die zügellose Lebenslust der Braut war Stadtgespräch.

Der frisch gebackene Ehemann zeigte sich bald überaus taktvoll. Er verschwand in regelmäßigen Abständen zu seinem Regiment oder zu langen Jagdausflügen. Der Titel des Grafen von

Soissons hatte ihn in Frankreich in den Rang eines Prinzen von Geblüt erhoben und ihm damit den Aufstieg in der königlichen Armee ermöglicht. Das erleichterte es dem aufrechten, in erster Linie auf Kampf und Ruhm bedachten Soldaten, darüber hinwegzusehen, dass seine schöne, junge Frau unzählige Liebhaber hatte. Und dass sie auch der König weiterhin regelmäßig besuchte, in nach wie vor kaum abgekühlter Leidenschaft. Der Herzog von Saint-Simon beschrieb die Situation in seinen berühmten Memoiren: »Nichts glich dem Glanz der Gräfin de Soissons, von der der König weder vor, noch nach ihrer Heirat abließ und die am Hofe die Anführerin der Feste und der Anmut war ... Mittelpunkt der erlesenen Gesellschaft war das Haus der Gräfin von Soissons ... Dieses Haus wurde bald zum Brennpunkt aller höfischen Intrigen ...«

Die Mätresse des Königs – Affären und Intrigen

Während die Königin-Mutter zunehmend bezweifelte, ob die frivole, zügellose Olympia, die sich zum Ärger des Hochadels wie eine Gleichgestellte als »Madame la Comtesse« titulieren ließ, der richtige Umgang für ihren Sohn war, zählte für Olympia nur eines: dass der König möglichst oft bei ihr erschien und dass er nicht aus ihrem Einflussbereich verschwand. Sie arrangierte rauschende Feste, Tanz und Spiel, empfing den König an den Bassette-Spieltischen ihrer Salons, umgeben von einer Schar kleiner Hündchen und exotischer Vögel in prachtvollen Käfigen. Der König kam regelmäßig, und er blieb oft bis weit nach Mitternacht.

Olympia hatte in dieser Zeit die Fäden fest in der Hand. Max Braubach, der große Prinz-Eugen-Biograf: »Das Parkett war schlüpfrig, aber gewann das Leben nicht dadurch erst seinen Reiz? Welch ein Genuß für eine Frau von der Unbekümmertheit und Leidenschaftlichkeit der Gräfin, auf dem Schachbrett dieses zum Zentrum Europas gewordenen Hofes die Figuren zu schieben, sich dabei aber auch selbst einzusetzen, zu lieben, zu kämpfen und zu siegen! Sie kannte nicht viel Hemmungen, sie war in ihren Mitteln nicht sehr wählerisch, sie war die echte Repräsentantin einer Zeit und einer Gesellschaft, der man sehr vieles, aber gewiß nicht Prüderie und moralische Ängstlichkeit vorwerfen konnte.«[2]

Gefahr kam für Olympia bald aus der eigenen Familie: Der König verliebte sich in ihre jüngere Schwester Marie und erwog ernsthaft, sie zu heiraten. Olympia schäumte vor Wut. Zwischen den beiden Mazarinetten brach ein unerbittlicher Kampf aus, in dessen Verlauf Olympia alle Register ihrer Intrigierkunst zog. Letzten Endes siegte Olympia. Und die Staatsräson. Der König heiratete 1660 nicht Marie, sondern die wenig attraktive spanische Infantin Maria Theresia. Olympia aber erhielt ein Trostpflaster. Kardinal Mazarin hievte sie in das Amt der »Oberintendantin« der neuen Königin. Das bedeutete hohe Einkünfte, ein prachtvolles Appartement in den Tuilerien – und die Nähe des Königs.

In den folgenden Jahren wurde Olympia zum Mittelpunkt des höfischen Lebens. So wie es ihr Onkel Kardinal Mazarin im Ziehen der politischen Fäden zu ungeahnter Meisterschaft gebracht hatte, perfektionierte sie die hohe Schule der Intrige und des Klatsches. Dass der König seine Gunst in Liebesdingen auch anderen Damen schenkte, zählte jetzt nicht mehr allzu viel. Es galt aber, die Kontrolle darüber zu bewahren und die Entwicklungen geschickt zu lenken. Wissen war Macht – für gute Informationen wusste man sich an Kavalieren zu revanchieren.

Als der König den Reizen der Mademoiselle de la Vallière erlag, schoss Olympia allerdings weit übers Ziel hinaus. Eine Kette von Intrigen um Briefe an die Königin, die dann beim König landeten, falsche Verdächtigungen und Beschuldigungen führten dazu, dass sie der König als Drahtzieherin erkannte, ihren aktuellen Geliebten als Mitverdächtigen ins Gefängnis werfen ließ und der gesamten Familie Soissons im April 1665 unmissverständlich nahelegte, Paris zu verlassen.

Die Fürsprache einflussreicher Freunde bewirkte, dass die Soissons im Herbst 1666 nach Paris zurückkehren durften. Bei einer der ersten Hoffestlichkeiten führte der König persönlich

Ludwig XIV., König von Frankreich. Die Gunst des »Sonnenkönigs« bedeutete unendlich viel – Olympia durfte sich ihrer lange erfreuen.

Olympia zum Tanz. Das Leben ging dort weiter, wo es im vorangegangen Frühjahr aufgehört hatte. Alles drehte sich um rauschende Feste, aufwändige Garderoben, galante Beziehungen, das Glücksspiel mit hohem Einsatz und Intrigen, Intrigen, Intrigen.

Olympias Stern begann zu sinken, als der König sein Herz an eine neue Mätresse verlor, an die Marquise de Montespan. Der König versuchte, Olympia dazu zu bewegen, zu deren Gunsten auf das Amt der Oberintendantin zu verzichten, als Entschädigung bot er ihr sogar 200 000 Taler an. Sie lehnte rundweg ab und zog sich damit nicht nur den Missmut des Königs zu, sondern auch den unerbittlichen Hass einer gefährlichen Gegnerin. Und dass sie ausgerechnet in dem Winter, in dem Ludwig XIV. in den Krieg mit Holland getreten war, den Karneval mit politisch fragwürdigen Männern durchtanzte, sprach auch nicht gerade für sie. Aber solange ihr Mann, der Graf von Soissons, dem sie mittlerweile acht Kinder geschenkt hatte, hinter ihr stand, konnte ihr nichts passieren.

Der Tod des Vaters

Die Integrität des Grafen von Soissons war unbestritten. Er hielt sich aus den Intrigen seiner Frau heraus, so weit er konnte, war ein begeisterter Soldat und hatte nur einen Wunsch: sich in einem Krieg in entscheidender Position bewähren zu dürfen. Im Jahr 1672 kam er diesem Ziel sehr nahe. Er erwies sich im Krieg gegen Holland als erstklassiger Stratege. Von allen Generälen kontaktierte ihn der König am öftesten. Nach 20 Jahren Militärdienst zeichnete sich endlich eine glänzende Zukunft in der Armee ab. Da geschah etwas völlig Unerwartetes: Im Frühsommer 1673 erlitt er in Flandern plötzlich heftige Fieberanfälle, begleitet von Erbrechen und Durchfall. Die Krankheit dauerte nur wenige Tage, er verstarb am 7. Juni. Da er kurz vor seinem Tod den Verdacht geäußert hatte, er sei vergiftet worden, wurde eine Leichenöffnung durchgeführt. Anhaltspunkte für ein Verbrechen konnten nicht festgestellt werden.

Die Familie Soissons traf mit diesem Tod ein schwerer Schlag. Olympia hatte sich auf die Nachricht von der schweren Erkrankung ihres Mannes hin sofort auf den Weg zu ihm gemacht, war aber zu spät gekommen. Im Lager des Königs bei Lüttich traf sie auf ihre ebenfalls eilends angereiste Schwiegermutter, die in Begleitung der Markgräfin von Baden, Olympias verhasster Schwägerin, und der beiden ältesten Söhne erschienen war. Es kam zu wilden Vorwürfen wegen des geäußerten Vergiftungsverdachtes und zu Hass- und Wutausbrüchen. Bei einer Audienz warf sich Olympia dem König zu Füßen und bat um Vergebung ihrer Fehler. Der König reagierte wohlwollend. Für die Zukunft von Olympias ältesten Söhnen aber rührte er keinen Finger. Der Montespan war es gelungen, die Verteilung der frei gewordenen Ämter des Grafen von Soissons in ihrem Sinne durchzusetzen: Das Gouvernement der Champagne erhielt ihr Bruder, das Amt des Generalobersten der Schweizer ihr 1670 geborener, von Ludwig legitimierter Sohn.

Für den zu diesem Zeitpunkt zehnjährigen Prinz Eugen bedeutete der Tod seines Vaters einen tiefen Einschnitt. Er hatte sich im Zuge seines Militärdienstes zwar nur selten in Paris aufgehalten, allein seine Existenz aber muss den von ihrer Mutter grob vernachlässigten Kindern zumindest einen gewissen Rückhalt gegeben haben. Nach seinem Tod brachen im Hôtel de Soissons alle Dämme. Jetzt gab es unter den weiblichen Mitgliedern der Familie nur noch Streit und Zank. Bis Olympia einwilligte, dass die Kinder bei ihrer Großmutter und ihrer Tante blieben, der Markgräfin von Baden. Sie selbst zog ihre Appartements in den königlichen Schlössern und ihr kleines Haus in Chaillot vor, hielt weiterhin »Hof«, veranstaltete Feste und lud zu Spielabenden.

Nach dem Tod ihres Vaters wurde auch die finanzielle Situation der acht Kinder zum Problem. Dass der König bei der Vergabe der Ämter seines Vaters andere seinen Brüdern vorgezogen hatte, hinterließ in Prinz Eugen tiefe Narben. Die Kinder waren jetzt auf die Unterstützung des Herzogs von Savoyen angewiesen. Und dieser beauftragte den Marquis de Saint-Maurice damit, ein Auge auf die heranwachsende Prinzenschar zu werfen. Was dieser um das Jahr 1673 nach Turin an den Hof des Hauses Savoyen meldete, klang ganz und gar nicht erfreulich. In seinen Briefen berichtet er, dass die Kinder verwahrlost wirkten, so gut wie nie mit gebildeten Menschen zusammenkamen, sich mit allerlei Gelichter herumtrieben, zu Hause nur mit Lakaien und Kammermädchen Umgang hatten und diesen alle erdenklichen Possen spielten. Ihren Hofmeister durften sie quälen und malträtieren, ohne von irgendjemandem gerügt oder gestraft zu werden.

Am besten erging es noch Prinz Eugens ältestem Bruder Ludwig Thomas, er erhielt 1676 ein französisches Infanterieregiment und trat in die Fußstapfen seines Vaters. Die anderen Söhne aber waren auf die Hilfe des Hauses Savoyen angewiesen. Besonders nachdem Philipp, der zweite Sohn, der für den mit Pfründen verbundenen geistlichen Stand bestimmt worden war, sich dafür als ungeeignet erwiesen hatte. Ludwig Julius, der dritte, war schon im Todesjahr seines Vaters an den Turiner Hof geholt worden, später begab sich der »Chevalier de Savoye« in Habsburgs

Dienste. Emanuel, der vierte, war ihm nach Turin nachgeschickt worden und verstarb dort bereits im Alter von 14 Jahren.

Gut aufgehoben im Schoß der Kirche?

Prinz Eugen hatte unter seinen körperlichen Mängeln schwer zu leiden. Man begegnete ihm mit Spott und Hänseleien. Das gab Jahre später sogar Liselotte von der Pfalz, die Schwägerin von König Ludwig XIV., zu. Verheiratet mit Philippe von Orléans, der seine Zeit lieber mit hübschen Knaben verbrachte als mit seiner wenig attraktiven Gattin, war sie in Paris todunglücklich, fühlte sich bei Hof wie im Exil und fand den einzigen Trost im Schreiben tausender Briefe. Als Prinz Eugen schon der berühmte Feldherr war, erinnerte sie sich in einem Brief an das »kleine, mutwillige, schmutzige Bübchen«: »Wenn Prinz Eugène nicht geändert ist, werden Euer Liebden ein kurz aufgeschnupftes Näschen, ziemlich langes Kinn und so kurze Oberleffzen (sehen), daß er den Mund allezeit ein wenig offen hat und zwei breite, doch weiße Zähne sehen läßt ... Ich kenne ihn gar wohl, habe ihn oft geplagt, wie er noch ein Kind.«[3]

Gerade dieser von der Natur benachteiligte, schwächliche Junge hätte dringend einer liebevollen, starken Persönlichkeit bedurft, die ihm Vertrauen und Selbstbewusstsein gegeben hätte. Diese aber fand sich in seiner ganzen Umgebung nicht. Und so reagierte der Heranwachsende auf die Zurückweisungen und Verletzungen auf ebenso traurige wie natürliche Art: Er zog sich mehr und mehr in sich selbst zurück, wurde immer schweigsamer und mürrischer, baute einen Schutzschild um seine verletzte Seele.

Liselotte von der Pfalz erwähnte bei all den negativen Details seines Äußeren als einzig Positives seine lebhaften Augen, aus denen man ablesen könne, dass er Verstand hatte. Tatsächlich besaß er einen wachen, interessierten Geist. Und so wenig es seinen geplagten Hofmeistern auch gelang, ihm fundiertes Wissen einzutrichtern, für eine standesgemäße Grundbildung reichte es. Er erlernte Französisch und Italienisch in Wort und Schrift, dazu ein wenig Latein und Spanisch. Mathematik fand er, ganz dem Zeitgeist entsprechend, interessant. Zufall oder Weichenstellung für die Zukunft: In die Geometrie wurde er von einem dem Festungsbauer Vauban nahestehenden Lehrer eingeführt, und im Fach Geschichte faszinierten ihn vor allem Helden wie Alexander der Große oder Julius Cäsar.

Um die Zukunft des kaum vielversprechenden Prinzen abzusichern, unternahm die Familie auf Betreiben der bigotten Großmutter wie zuvor schon bei seinem älteren Bruder Philipp den Versuch, ihn in den Schoß der Kirche abzuschieben – schließlich hatte Ludwig XIV. ja auch mehrmals geäußert, Prinz Eugen eigne sich höchstens für den geistlichen Stand. Fragen wie Glaube, Berufung oder gar der eigene Wille spielten dabei kaum eine Rolle, eher die Aussicht auf Pfründe. So musste der 15-jährige Eugen 1668 gemeinsam mit seiner Mutter nach Turin reisen und erhielt dort als erstes Zeichen des Eintritts in den geistlichen Stand vom päpstlichen Nuntius die Tonsur und die niedrigen Weihen. Ab diesem Zeitpunkt hatte er die Soutane zu tragen. Jetzt war er der Abbé de Savoye.

Zurück in Paris, nahm Olympia ihr exzessives Leben fern vom Hôtel de Soissons munter wieder auf. Und Eugen, dem man wegen der Tonsur und der Soutane flugs den Spitznamen »der kleine Abbé« verpasst hatte, tat es ihr gleich. Wie damals auch für Herren des geistlichen Standes durchaus üblich, stürzte er sich in Paris mit einer Clique homosexueller Adeliger in Vergnügungen. In Ausschweifungen allerdings, die auch in der damaligen, an Sittlichkeit und Moral nur wenig orientierten Zeit als extrem galten.

Liselotte von der Pfalz plauderte in ihren Briefen später, als der Prinz bereits ein berühmter Feldherr war, Details aus. Sie nannte ihn »petit salope«, »kleine Schlampe«, und sprach davon, dass er ein liederliches Leben führte. Als besonders pikantes Detail wusste sie davon zu berichten, dass ihm und seinem Vetter Turenne die Namen berüchtigter Pariser Huren verpasst worden seien. Wörtlich schrieb sie: »Man prätentierte, dass diese zwei auch dazu gebraucht worden.« Und: Eugen sei »Madame Lancienne« genannt worden und mit Frauen habe er wenig am Hut gehabt, eher mit Pagen.[4]

Dass dies möglicherweise nicht ausschließlich der Fall war, zeigt eine Bemerkung Voltaires. Er berichtet, der Siebzehnjährige habe sich mit dem Schauspieler und Lustspieldichter Dancourt betrunken und mit dessen Frau geschlafen. Aber so oder so, der junge Prinz muss es arg getrieben haben, er machte außerdem horrende Schulden. Seine Kumpane entstammten höchsten Adelskreisen, also werden seine Eskapaden wohl auch dem König nicht entgangen sein.

Der Untergang der Mutter

Olympia hatte in diesen Jahren keine finanziellen Sorgen, denn sie bezog nach wie vor ihre hohen Einkünfte als Oberintendantin der Königin. Bis 1679, dann bat sie der König höchstpersönlich, das Amt aufzugeben. Er entschädigte sie mit einer hohen Summe und erhöhte ihre Pension. Hatte er früher gelegentlich durchblicken lassen, dass er durchaus bereit wäre, ihren Kindern Positionen zu verschaffen, so war davon nun nie mehr die Rede. Mit der finanziellen Abfindung scheint er sich von allen Verpflichtungen seiner Jugendliebe gegenüber befreit gefühlt zu haben.

Die wirkliche Katastrophe brach 1680 über das Haus Soissons herein. Seit Jahren hatte es in Paris mysteriöse Todesfälle gegeben. Eine Giftmischerin und Hexe, die nicht nur eigene Familienmitglieder, sondern zu Versuchszwecken auch einige schwer Kranke in einem Pflegeheim ins Jenseits befördert hatte, war bereits drei Jahre zuvor öffentlich enthauptet worden. Weiterhin erfreute sich aber eine Bande von Schwarzkünstlern, Astrologen und Wahrsagern regen Zulaufs. Die mysteriösen Todesfälle in den besseren Kreisen gingen weiter und bald sickerte durch, dass es einen geheimen Handel mit »Erbpulver«, Liebesfiltern und magischen Elixieren gab. In Paris brach eine regelrechte Panik aus, jeder misstraute jedem. Schließlich sah sich der König gezwungen, ein Sondergericht zu installieren. Innerhalb weniger Wochen wurden in dem mit schwarzem Stoff ausgeschlagenen, durch Fackeln erhellten Raum, dem »chambre ardente«, hunderte Personen verhört – und wohl auch gefoltert. Eine der Beschuldigten, die ehemalige Geburtshelferin, »Engelmacherin« und Prostituierte »La Voisin«, nannte eine Reihe von berühmten Namen – darunter den Olympias.

Gerade zu dieser Zeit waren Olympias Feinde bei Hof besonders aktiv, allen voran die Montespan und Kriegsminister Louvois. Dazu kam, dass ihr Mann wenige Jahre zuvor tatsächlich unter mysteriösen Umständen gestorben war. Der König erließ einen Haftbefehl. Ganz aber wollte er seine Jugendliebe offenbar doch nicht fallen lassen. Noch am selben Abend sandte er ihr einen Boten. Er stellte sie vor die Alternative, entweder in die Bastille zu übersiedeln oder Paris blitzartig zu verlassen. Olympia entschied sich für die Flucht. Noch in der Nacht raffte sie an Geld, Juwelen und Wertgegenständen zusammen, was sie finden konnte, ließ acht Pferde vor ihre Karosse spannen und verließ Paris um drei Uhr früh.

Nach Paris zurückkehren konnte Olympia nie wieder. Trotz oftmaliger Beteuerungen ihrer Unschuld und trotz der Eingaben ihrer Schwiegermutter, die um Gerechtigkeit für sie bat, ließ sich der König nicht dazu bewegen, die Verbannung aufzuheben. Olympia blieb sechs Jahre in Flandern, 1689 folgte sie dem Ruf der spanischen Königin, einer Nichte Ludwigs XIV., die furchtbar unter Heimweh nach Frankreich litt, nach Spanien. Dort war sie bald wieder in ihrem Element, umgab sich mit zwielichtigen Figuren und Spielern, und begann als geübte Intrigantin Fäden zu ziehen. Ihre Aktivitäten blieben dem französischen Hof nicht verborgen. König Ludwig XIV. trug seinem Botschafter in Spanien noch auf, ihre Intrigen aufzudecken und der Königin zu melden. Dann aber passierte etwas Schreckliches. Olympia hatte der jungen Königin gerade ein Glas Milch gereicht, als diese unter heftigen Krämpfen zusammenbrach – zwei Tage später war sie tot. Der König war außer sich und beschuldigte verständlicherweise Olympia der Hexerei. Diese musste nun auch Spanien verlassen.

Eines der wenigen Jugendbildnisse Prinz Eugens. Schmeichelhafterweise hielt sich der Künstler nicht an die Realität.

Sie kehrte nach Flandern zurück. Als sie dort im Jahr 1708 starb, trugen weder Ludwig XIV. noch der französische Hof Trauer.

Für Prinz Eugen muss die plötzliche Flucht seiner Mutter aus Paris einen schweren Schock bedeutet haben. Möglich, dass er sich jetzt völlig entwurzelt fühlte, gänzlich ohne Rückhalt der herrschsüchtigen Großmutter und der verbitterten Tante ausgeliefert. Gut möglich auch, dass dem ohnehin Verachteten und Verspotteten jetzt erst recht der kalte Wind der Ablehnung und der Ausgrenzung entgegenblies.

Der Beginn einer Karriere

Wie für seine 1665 geborene Schwester Marie Jeanne-Baptiste, die laut Liselotte von der Pfalz »gar ein schändlich Leben geführt, alle Jahre einen Bastard dahergesetzt ... und sich alle Abende sternblindsvoll soffen«[5], und die wegen ihres Lebenswandels schließlich sogar aus Paris ausgewiesen wurde, hätte diese Situation auch für ihn bedeuten können, gänzlich im Sumpf der Pariser Nächte unterzugehen. Bei Prinz Eugen aber bewirkte sie das genaue Gegenteil.

Er entschloss sich zu Beginn des Jahres 1683, sein Leben von Grund auf zu ändern. Die Abgründe des menschlichen Lebens hatte er kennen gelernt. Und er hatte genug davon. Jetzt wollte er Soldat werden und sich als Kavalier beweisen. Wie sein älterer Bruder Ludwig Julius, der in österreichischen Diensten Oberst eines Dragonerregimentes geworden war und gegen die vorrückenden Türken kämpfte. Zum ersten Mal in seinem Leben entwarf er einen minutiös kalkulierten, strategischen Plan, nahm all seinen Mut zusammen und ritt die erste Attacke: Im Februar 1683, gerade zu dem Zeitpunkt, als sich einer seiner Onkel darum bemühte, ihm den Eintritt in die Domkapitel von Köln oder Lüttich zu ermöglichen, legte er die viel gehasste Soutane ab. Der Hieb saß. Die empörte Großmutter warf ihn aus dem Hôtel de Soissons.

Die zweite Attacke erforderte nicht nur Mut, sondern sogar so etwas wie Tollkühnheit. Er bat seinen um zwei Jahre älteren Freund Louis Armand Conti, einen Schwiegersohn des Königs, ihm eine Audienz bei Ludwig XIV. zu verschaffen – und das nach allem, was sich rund um den Giftmordverdacht und die Flucht seiner Mutter abgespielt hatte. Auf die Unterredung bereitete er sich sorgfältig vor. Schließlich trat er Anfang März 1683 mit Perücke, straffender Kleidung und hohen Absätzen, die ihn größer erscheinen lassen sollten, vor den König. Er ersuchte um Aufnahme in die französische Armee und um ein militärisches Kommando über eine Kompanie von 40 Mann.

Der »Sonnenkönig« musterte den bizarren jungen Mann geringschätzig und beendete die Audienz, kaum dass sie begonnen hatte, mit einem klaren Nein. Möglich, dass die Abneigung gegen die Familie seiner früheren Geliebten inzwischen tief in ihm verwurzelt war, möglich aber auch, dass ihn das Äußere des jungen Prinzen abschreckte und er sich diesen lächerlichen kleinen Lumpenprinzen, von dessen Eskapaden er nur zu oft gehört hatte, nicht in seiner disziplinierten Armee vorstellen konnte. Dass der junge Mann es gewagt hatte, ihm, dem Sonnenkönig, von dessen Anblick er eigentlich geblendet hätte sein müssen, mit seinen dunklen, in diesem Moment vor Erregung glühenden Augen gerade ins Gesicht zu schauen, irritierte ihn zutiefst. Später sagte er: »Die Bitte war bescheiden, aber der Bittsteller nicht. Nie noch nahm sich jemand heraus, mir so frech wie ein zorniger Sperber ins Gesicht zu starren.«

Noch gab Prinz Eugen trotz allem nicht auf. Er reiste dem König in die Ostprovinzen nach, trug sein Anliegen noch einmal vor – und wurde abermals, diesmal allerdings endgültig, abgewiesen. Grund genug für den Prinzen, Attacke Nummer drei ins Auge zu fassen. Von der bescheidenen Wohnung eines Baders aus, in der er nach dem Hinauswurf aus dem Hôtel de Soissons Unterschlupf gefunden hatte, begann er gemeinsam mit Conti seine Flucht vorzubereiten. Nichts wie weg aus Frankreich, »dem Land ohne Chance«, das war die Devise. Und auch das Ziel war klar: Wien, die Stadt, gegen die gerade ein riesiges Türkenheer vorrückte. In der sicher jeder Mann gebraucht wurde, der ein Schwert halten konnte. Und in der auch für junge, unerfahrene Soldaten der Lorbeerkranz niedrig hing.

Flucht aus Frankreich

In der Nacht zum 27. Juli war es so weit. Als Mädchen verkleidet, fuhren die beiden Prinzen in einer Mietkutsche an die Porte Saint-Denis. Dort schwangen sie sich gemeinsam mit einem Pagen auf drei zuvor bei der Post bestellte Pferde und ritten davon. Im fliegenden Galopp. Hinaus aus Paris. Geradeaus durch die Sommernacht Richtung Nordosten.

Als der König am nächsten Morgen davon unterrichtet wurde, dass sich zwei Prinzen ohne seine Genehmigung aus Paris entfernt hatten, empfand er das zuerst als ärgerlich. Als er aber hörte, dass einer davon sein eigener Schwiegersohn war, und dass die Flüchtigen offenbar planten, in fremde Dienste zu treten, und das noch dazu im Lager der verhassten Habsburger, da begann er vor Empörung zu beben. In aller Eile setzte er seinen riesigen Apparat an Polizei und Diplomatie in Gang und ließ die Grenzen sperren. An die wichtigsten Grenzübergänge wurden Kuriere geschickt, um die beiden Prinzen nach Möglichkeit noch aufzuhal-

Wien war zur Zeit der Türkenbelagerung 1683 das Ziel vieler adeliger Heißsporne aus ganz Europa: Hier gab es Lorbeeren zu verdienen.

ten. Conti musste zurück nach Paris gebracht werden. Um jeden Preis. Sein Begleiter war völlig unwichtig.

Die beiden Ausreißer waren schneller als ihre Verfolger. Als die Grenzen gesperrt wurden, waren sie bereits im Ausland. Brüssel, Köln, die Flüchtlinge ritten bis zur Erschöpfung. In Frankfurt aber erwartete sie ein Gesandter des Königs. Ihm gelang es, Conti zur Umkehr zu bewegen. Prinz Eugen setzte seinen Weg ohne seinen Freund fort. In Regensburg traf er auf Kuriere, die ihm Empfehlungsschreiben an den Kaiser übergaben, die seine Mutter für ihn organisiert hatte. Jetzt war er auch nicht mehr allein. Er bewegte sich in einer Schar junger Adeliger, Schlachtenbummler und Abenteurer, die alle nach Wien wollten, um sich im Kampf gegen die Türken Sporen zu verdienen, unter ihnen Graf Vittorio Tarino aus Piemont, »Tarini«, der später zu seinem besten Freund werden sollte. Conti hatte Prinz Eugen beim Abschied noch einen Ring und etwas Geld überlassen. Die spärlichen Reste dieser 12 Louis d'or waren das einzige, was er außer seinem Degen besaß, als er in Passau, im Lager des Kaisers, eintraf.

[2]

Militärischer Aufstieg

»Ich versichere Euch, allergnädigster Kaiser,
meiner unverbrüchlichen Treue, und
daß ich all meine Kraft, all meinen Mut
und notfalls meinen letzten Blutstropfen
dem Dienst Eurer Kaiserlichen Majestät
sowie dem Wohle und Gedeihen Eures
großen Hauses widmen werde.«

GESUCH PRINZ EUGENS
AN KAISER LEOPOLD I.

Es war wirklich eine Streitmacht, wie noch kein Lebender sie je erblickt hatte«, die Großwesir Kara Mustafa im Januar 1683 bei Edirne in der heutigen europäischen Türkei zusammenzog. »Angehörige aller osmanischen Völker gehörten ihr an, Araber, Anatolier, Tscherkessen, Tataren, Walachen, Griechen, Siebenbürger.«[1] Insgesamt waren es rund 200 000 Soldaten. Als sich der ungeheure Tross in Bewegung setzte, führte er nicht nur Ochsenwagen mit, sondern ganze Herden von Pferden, Maultieren und Kamelen. Dazu kamen die hundert Wagen des Harems von Sultan Mehmet IV., der bis Belgrad mitreiste.

Im Mai erreichte das Heer, das einer mit Waffen klirrenden Völkerwanderung glich, Belgrad. Von dort bewegte es sich wie eine gigantische Lawine das Donautal aufwärts. Welchen Landstrich es auch immer überrollte, es hinterließ eine Spur der Verwüstung und Vernichtung, verbrannte Erde im wahrsten Sinne des Wortes. Das Ziel war eindeutig: Wien. Die Spitze des Stephansdoms bildete damals ein massiver, vergoldeter Knauf, der »Goldene Apfel«, und darauf blitzte ein achtstrahliger Stern mit einem beweglichen goldenen Halbmond. Kaiser Maximilian I. hatte dieses Zeichen seiner kaiserlichen Würde 1514, wenige Jahre bevor Halbmond und Stern unter Sultan Selim zum Symbol des Islam wurden, anbringen lassen.

Kaiser Leopold hatte zu dieser Zeit andere Sorgen als die Türken. Seine ganze Aufmerksamkeit galt der Bildung einer Front zur Abwehr und Zurückdrängung Frankreichs. Dass sich im Osten eine viel größere Gefahr zusammenbraute, realisierte er nur am Rande. Als dann klar wurde, dass sich eine Katastrophe ungeahnten Ausmaßes anbahnte, musste er in aller Eile umdisponieren. Jetzt galt es, sämtliche verfügbaren Kräfte statt für den Westen für den Osten zu aktivieren.

Bis sie aber an Ort und Stelle waren, standen dem Kaiser nur wenige Truppen zur Verfügung. Dass sie zu schwach und zu wenig effektiv waren, zeigte sich bald. Angesichts der sich heranwälzenden Übermacht musste in Ungarn eine Stadt nach der anderen aufgegeben werden. Eine davon war die kleine Grenzfestung

Neuhäusel. Das Regiment, das sie besetzt hatte, zog ab. Türkische Reiter verfolgten es, bei Petronell kam es zu einem Gefecht. Dabei wurde Prinz Eugens Bruder, Ludwig Julius, der eines der Regimenter befehligt hatte, am 7. Juli 1683 schwer verletzt. Er stürzte vom Pferd und kam so unglücklich zu liegen, dass sich der Sattelknopf in seinen Leib bohrte. Er wurde noch nach Wien gebracht, verstarb dort aber sechs Tage später.

Die Türken vor Wien

In Wien herrschte das totale Chaos. Alles schien sich aufzulösen, wer flüchten konnte, verließ die Stadt. Der bedächtige und entscheidungsschwache Kaiser ließ sich lange Zeit und versuchte, bei der Hirschjagd Zerstreuung zu finden. Erst, als in Wien schon deutlich Gefechtslärm zu hören war, entschloss er sich endlich zur Flucht. Eine Kolonne von mehreren hundert Wagen rollte aus der Stadt. Mit dem Kaiser und seiner hochschwangeren Frau begab sich der gesamte Hof nach Passau. Die Hälfte der Wiener Bürgerschaft, rund 30 000 Menschen, folgte ihm. In Wien blieb als Stadtkommandant Ernst Rüdiger Graf von Starhemberg zurück. Dass er mit seinen viel zu wenigen Soldaten auch nur die geringste Chance haben würde, wagte niemand zu hoffen.

Das türkische Heer näherte sich unaufhaltsam. Tag für Tag erreichten den Kaiser neue Schreckensbotschaften. Anfang Juli eroberten die Türken das vermeintlich stark

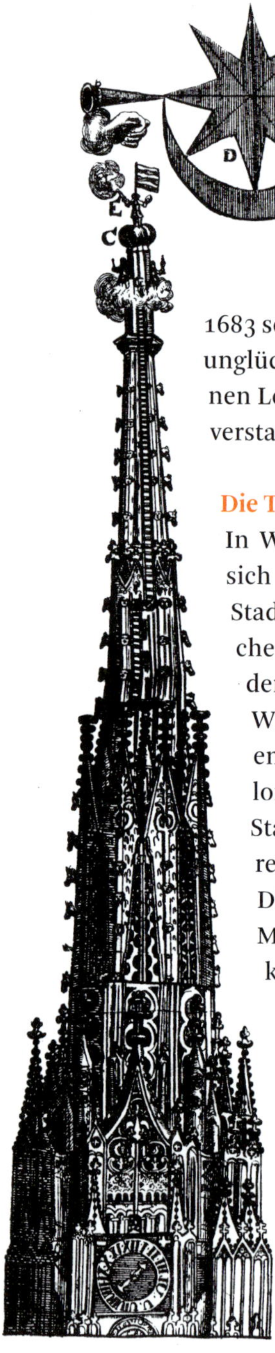

Die Spitze des Stephansdoms zierte bis zur Rückeroberung von Buda 1686 ein Halbmond mit Stern – damals das Symbol kaiserlicher Würde.

Großwesir Kara Mustafa: Seine Gier und Prunksucht waren ebenso legendär wie sein Hochmut und sein Geschick, Bestechungsgelder zu erpressen.

befestigte Hainburg. Sie köpften jeden, der nicht rechtzeitig geflüchtet war und machten die Stadt dem Erdboden gleich. Wenige Tage später waren sie in Schwechat. »Dem Großwesir wurden 150 Schädel und 50 Gefangene überbracht. Er belohnte die muselmanischen Helden großzügig«, lautete die Eintragung im Tagebuch der Belagerung Wiens, das von Angehörigen der Leibgarde des Großwesirs geführt wurde.[2]

Am 14. Juli erschien Kara Mustafa zum ersten Mal vor Wien. Auch dieses Ereignis ist im Tagebuch genau beschrieben: »Während heute der gesamte Tross zurückblieb ... ritt der Großwesir im ersten Morgengrauen in wohlgeordnetem Zuge und langsamen Schrittes vor die Festung Wien. Auf freiem Felde, gegenüber der Festung, wurde ein Schattendach aufgeschlagen, wo er zwei Stunden die Ruhe pflog, bis ein geeigneter Platz für seine hohe Zeltburg ausfindig gemacht war.«

Kara Mustafa hatte keine Eile. Er war sich seiner Überlegenheit voll bewusst und konnte warten. Er eröffnete die Belagerung offiziell mit der Botschaft: »Entweder Islam oder Tribut – sonst wird die Entscheidung in unserem Streit dem Schwert überlassen! Nehmt es zur Kenntnis!« Ab diesem Zeitpunkt erschallten vor den Mauern Wiens fünfmal am Tag Gebetsrufe, danach spielten Musikkapellen auf, »dass von dem gemeinsamen Schall der Trommeln, Oboen, Pfeifen, Handpauken und Becken, zu dem sich das Dröhnen der Geschütze und Flinten gesellte, Erde und Himmel erbebten«.[3]

Audienz beim Kaiser

Als Prinz Eugen gegen Mitte August 1683 in Passau eintraf, war auch dort die Hölle los. Die Bischofsstadt war heillos überfüllt, neben den Hofbeamten drängten sich Diplomaten, Kuriere und Schlachtenbummler aus aller Welt, es herrschte gespannte Nervosität. Der einzige, der ruhig blieb, war Kaiser Leopold I. Er legte das Schicksal Wiens in Gottes Hände – und diese erwiesen sich als freigebig. Papst Innozenz XI. spendete seinen Segen und schickte hohe Geldsummen.

Unter den vielen Diplomaten befand sich auch der spanische Gesandte am Wiener Hof, Marchese di Borgomanero. Dieser erklärte Franzosenhasser, der vermutlich in früheren Jahren in enger Beziehung zu Olympia Mancini gestanden hatte, wurde zum Mentor und Förderer des jungen Prinzen, er sollte ihm auch später noch so manchen Weg ebnen. In Passau bemühte er sich für Prinz Eugen um eine Audienz bei Leopold I. Der Termin wurde immer wieder verschoben, der Kaiser war krank: Erbrechen und Durchfall. Am 14. August endlich war es soweit. Prinz Eugen trat

Kaiser Leopold I. war in den ersten Jahren seines Kaiseramtes schüchtern, unsicher und zaudernd. Richtige Entscheidungen traf er trotzdem.

vor Kaiser Leopold I. An diesem Tag entschied sich sein Schicksal.

Sollte sich Prinz Eugen den habsburgischen Herrscher vergleichbar mit der hocheleganten Lichtgestalt Ludwigs XIV. vorgestellt haben, so musste er bei der ersten Begegnung mit dem Kaiser wohl enttäuscht gewesen sein. Leopold I. ging zwar nicht als Erfinder der Habsburger Lippe in die Geschichte ein, er war aber zumindest einer ihrer stärksten Repräsentanten. Der Türke

Evliya Tschelebi hatte ihn einige Jahre zuvor so beschrieben: »Seine Lippen sind wulstig wie die eines Kamels. Immer, wenn er spricht, trieft ihm der Speichel aus dem Munde und von seinen Kamellippen.«[4] Aber auch Marquis de Sébeville, der französische Botschafter in Wien, zeichnete ihn nicht wirklich attraktiv, er schrieb über ihn von dem kleinen, in Haltung und Handeln immer schüchtern wirkenden Habsburger, der nicht wisse, wie er seinen Hut halten und wohin er mit seinen Händen solle, der dahergehe, als wenn er stets zu fallen fürchte und der einen so großen, hässlichen Mund habe, dass es unmöglich falle, sich an sein Gesicht zu gewöhnen.

Andererseits aber vermittelte auch Prinz Eugen dem Habsburger nicht das Bild eines angehenden strahlenden Helden: Der Bittsteller, den Borgomanero ihm da vorstellte, war eindeutig zu klein gewachsen, und sein Gesicht mit dem olivgrünen Teint, der »aufgeschnupften« Nase, den riesigen Nasenlöchern und der zu kurzen Oberlippe, unter der die beiden großen Schneidezähne hervorblinkten, bot alles andere als einen angenehmen Anblick.

Leopold I. war von dem kleinen Prinzen vermutlich ähnlich wenig begeistert wie zuvor Ludwig XIV. Der Kaiser brauchte in diesem Augenblick aber jeden Mann. Außerdem hatte Eugen in Borgomanero einen gewichtigen Fürsprecher, er konnte beachtliche Empfehlungsschreiben vorlegen und überdies mit seiner beeindruckend hohen Abstammung punkten. Und was der junge Prinz vor der Audienz schriftlich in lateinischer Sprache eingereicht hatte, gefiel dem Kaiser auch. Eugen gestand in seinem Gesuch seine militärische Unerfahrenheit und seinen gescheiterten Versuch, in der französischen Armee Fuß zu fassen, offen ein. Wörtlich legte er nieder: »Ich versichere Euch, allergnädigster Kaiser, meiner unverbrüchlichen Treue, und daß ich all meine Kraft, all meinen Mut und notfalls meinen letzten Blutstropfen dem Dienst Eurer Kaiserlichen Majestät sowie dem Wohle und Gedeihen Eures großen Hauses widmen werde.«

Dem offensichtlich völlig unerfahrenen Neuling das Regiment seines gefallenen Bruders Ludwig Julius zu übergeben, lehnte der Kaiser milde lächelnd ab, es war außerdem bereits vergeben. Als Freiwilligen aber nahm er ihn in die kaiserliche Armee auf.

Am nächsten Tag stellte sich der neue Volontär Prinz Eugen von Savoyen Herzog Karl von Lothringen vor. Er war der Oberbefehlshaber des Entsatzheeres, das sich im Tullner Feld sammelte. Zu den kaiserlichen Truppen waren die Bayern des Kurfürsten Max Emanuel gestoßen, dann Regimenter aus dem Schwäbischen und Fränkischen Kreis und schließlich die Polen unter Johann Sobieski.

Die Rückeroberung Wiens

Der 12. September brachte die Entscheidung. Nach der Feldmesse, die Marco d'Aviano gelesen hatte, brach das Entsatzheer vom Kahlenberg aus zu seinem Angriff auf die Belagerer auf. Unter den »princes volontaires«, die später in den Berichten über die Schlacht erwähnt wurden, war auch der Prinz von Savoyen. Er hat Wien an diesem Tag vom Kahlenberg aus zum ersten Mal

Plan von Wien 1683. Gut zu erkennen sind die Zelte der Belagerer, die Basteien und die türkischen Laufgräben zwischen Burg- und Löbelbastei.

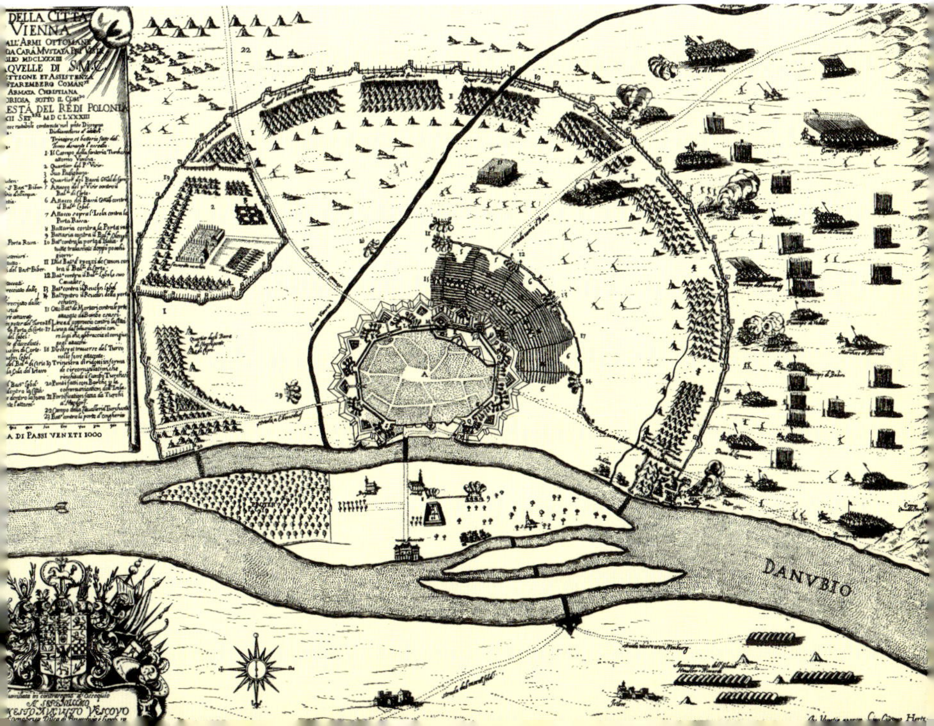

gesehen: die Stadt mit dem aufragenden Stephansdom, die Bastionen und Befestigungen, und davor wie eine zweite Stadt das riesige, bunte Heerlager der Türken, mit Zelten, rauchenden Feuerstellen und riesigen Tierherden. Die Atmosphäre dieses frühen Morgens muss ihn fasziniert haben. Das Getümmel der Soldaten und Pferde, die Bereitschaft, im Kampf alles zu geben, die Entschlossenheit zum Sieg. Nie zuvor hatte er eine Spannung erlebt, die mit vergleichbarer Wucht alle Sinne gefangen nahm. Das war seine Welt. Davon wollte er mehr.

Für die türkischen Belagerer kam der Angriff überraschend. Überzeugt davon, Wien innerhalb der nächsten Stunden einnehmen zu können, hatten sie gar nicht daran gedacht, die Wienerwaldhänge zu sichern. Das Tagebuch der Belagerung beschreibt die überaus dramatische Situation: »Die Ungläubigen hatten die Bastionen am Berg erreicht, vor dem dunklen Blau des Himmel bedeckten sie die Abhänge wie dunkle Gewitterwolken. Mit dem einen Flügel reichten sie bis zu den Truppen der Walachen und Moldauer am Donauufer, mit dem anderen bis zu den am weitesten entfernten Einheiten der Tataren. Sie formierten sich in Form eines Halbmondes, der vom Berg in die Ebene reichte. Dann ergossen sie sich wie eine Flut von schwarzem Pech vom Berg herunter, der alles, was sich ihm in den Weg stellte, zermalmte und verbrannte!«

Die Türken flohen Hals über Kopf. Sie nahmen nur mit, was sie sich in aller Eile um den Hals hängen oder unter den Arm klemmen konnten. Alles andere blieb vor den Mauern Wiens zurück. Das Tagebuch: »Den Ungläubigen fielen sämtliche Zelte, das Munitionslager, das Kriegsgerät mit 300 großen und kleinen Kanonen in die Hände. Der persönliche Schatz des Großwesirs und sein gesamter privater Besitz blieben in seinem Zelt zurück …«

Wo Prinz Eugen in dieser genial geplanten Angriffsschlacht gekämpft hat, ist nicht bekannt. Vermutet wird, dass er sich entweder an der linken Flanke des vom Kahlenberg Richtung Stadt stürmenden Heeres befand oder an der Seite seines Vetters Ludwig Wilhelm von Baden im Bereich Kahlenbergerdörfel–Nussdorf. Als ziemlich sicher gilt hingegen, dass er zwei Tage später am feierlichen Einzug der Sieger in Wien und an dem im Stephansdom zelebrierten Hochamt Te Deum teilgenommen hat. Dass er sich in der Schlacht tapfer geschlagen und dass ihm der Kaiser, der inzwischen liebevoll »Türkenpoldl« genannt wurde, dafür seine Anerkennung gezollt hat, meldete Borgomanero jedenfalls nach Madrid. Der Herzog von Lothringen ehrte ihn noch konkreter. Er schenkte ihm ein Paar goldene Sporen.

Die Türken waren zwar aus Wien abgezogen und Kara Mustafa wurde im folgenden Februar in Belgrad für die Niederlage vor Wien die »seidene Schnur« um den Hals gelegt, die »Türkengefahr« aber war damit noch lange nicht gebannt. Kaiser Leopold hatte es Johann Sobieski übel genommen, dass er schon am Tag nach der Schlacht als Sieger in Wien Einzug gehalten hatte, ohne ihm, dem Kaiser, den Vortritt zu überlassen. Er lud den Polen daher nicht einmal zu dem Essen ein, das er in der Stallburg für die deutschen Führer des Entsatzheeres gab. Und als er ihm dann am nächsten Tag in Schwechat vor seinem Heer offiziell Dank aussprach, geschah dies in eisiger Atmosphäre. Entsprechend gering war bei Sobieski die Motivation, die Türken weiter nach Osten hin zu verfolgen. Er trat den Heimmarsch an, unter anderem, weil er sich Hoffnung auf den polnischen Königsthron machte.

Freundschaften und Fürsprache

Die Verfolgung der Türken in kleinem Rahmen nahmen drei junge Helden auf, die sich später noch profilieren sollten: Ludwig Wilhelm von Baden, der Vetter Prinz Eugens, der wie er im Pariser Hôtel de Soissons zur Welt gekommen war, Max Emanuel von Bayern, ebenfalls ein Vetter, den er »mon cousin« nannte, und Eugen von Savoyen. Sie alle standen zu diesem Zeitpunkt am Beginn einer steilen Karriere, die ihnen später liebevolle Beinamen eintragen sollte: »Türkenlouis«, »Blauer König«, und »Edler Ritter«. Vorerst aber bewiesen sie sich in Ungarn, in Parkany und beim Sturm auf Gran, der Festung, die bereits 150 Jahre von den

Türken besetzt war, und auf deren Burgberg ein schlankes Minarett in den Himmel wies. Der Kampf ließ die drei jungen Heißsporne zusammenwachsen. Zwischen ihnen entspann sich eine innige Freundschaft.

Gemeinsam mit Borgomanero wurden die beiden neuen Freunde beim Kaiser zu Fürsprechern für Prinz Eugen. Tatsächlich sagte dieser zu, ihm das nächste frei werdende Regiment zu übertragen. Dann aber ging alles schneller als erwartet. In Ungarn war Oberst Graf Johann Kuefstein überraschend gestorben, damit war sein Regiment frei geworden. Kaiser Leopold übertrug es am 14. Dezember 1683 Prinz Eugen »in gnädigster Anseh- und Erwägung Deroselben uns bekannter fürtrefflichen Qualitäten, Geschicklichkeit, auch erweisende Valor und Tapferkeit«.[5] Unterzeichnet wurde die Urkunde im Linzer Schloss, in das der Hof bis zur Behebung der durch die Türkenbelagerung entstandenen Schäden an der Wiener Burg übersiedelt war. Innerhalb von nur vier Monaten hatte es der in Paris verlachte und verhöhnte Lumpenprinz, der mittellose Flüchtling, in die gesicherte Position eines Oberst mit regelmäßigen Einkünften und zum Inhaber eines Regiments gebracht: eine Blitzkarriere.

Oberst Prinz Eugen – der kleine Kapuziner

Das böse Erwachen allerdings kam bald: Das Regiment war in erbärmlichem Zustand. Die Savoyen Dragoner, die Prinz Eugen später bis zu seinem Tod befehligen sollte, hatten im letzten Feldzug schwer gelitten, vom Sollstand 800 Mann in zehn Kompanien konnte keine Rede sein. Ein Teil des Regiments lag in Ungarn, der andere in Böhmen, die meisten Soldaten hatten seit acht Monaten keinen Sold mehr gesehen.

Ludwig Wilhelm von Baden half mit einem Darlehen aus. So konnte der frisch gebackene Oberst sein Regiment ausrüsten. Bis zum Frühjahr 1684 waren immerhin 600 Mann rekrutiert. Roter Rock, schwarze Aufschläge und gelbe Knöpfe, das war das Outfit. Der Prinz selbst trug nur einen schlichten braunen Rock. Er habe ihn aus einer Kapuzinerkutte schneidern lassen, für seine eigene

Ludwig Wilhelm von Baden, der »Türkenlouis«, geboren wie Prinz Eugen im Hôtel de Soissons in Paris.

Ausstattung habe das Geld nicht gereicht, hieß es. Noch machte der blutjunge, mit seinem schmächtigen Körper knabenhaft wirkende Prinz auf seine Leute keinen Respekt einflößenden Eindruck. Und diese hatten auch flugs einen Spitznamen parat: »kleiner Kapuziner«.

Dass Prinz Eugen in den Monaten nach seiner Flucht aus Paris eine grundlegende Veränderung durchgemacht haben musste, zeigte sich im Februar 1684. Der lebenslustige, gern über die Stränge schlagende Barockmensch Max Emanuel von Bayern lud ihn nach München in seine Residenz ein. Er wollte im Trubel des Faschings die im Kampf errungenen Siege feiern. Mit üppigen Festen, Theateraufführungen, Jagdausflügen, Schlittenfahrten durch die Winterlandschaft und nicht enden wollenden Gelagen. Prinz Eugen aber, der noch wenige Monate zuvor Nacht für Nacht mit seiner Clique durch Paris gezogen war, fand an diesen Unterhaltungen überhaupt keinen Gefallen. Er gab sich ernst, nachdenklich und schweigsam. »Dieser junge Prinz von Savoyen

Max Emanuel von Baden: ein Barockmensch wie er im Buche steht, überschwänglich, lebenslustig, unberechenbar.

ist nicht sehr aufgeweckt, er spricht wenig, und es ist leicht zu sehen, dass er sich an das Treiben des bayrischen Hofes nicht gewöhnen wird«, notierte der französische Gesandte de la Haye.[6]

Feldzug gegen die Türken

Den Vergnügungen entronnen, war Prinz Eugen bald wieder in seinem Element. Papst Innozenz XI. war es im März 1684 gelungen, eine »Heilige Liga« zwischen dem Kaiser, Polen und Venedig zustande zu bringen. In einem neuerlichen Feldzug gegen die Türken hoffte man, ihnen Ungarn abringen zu können. Das erklärte Ziel war es, Buda (Ofen) zu erobern und die Türken so weit zurückzudrängen, dass sie für Wien keine Gefahr mehr darstellten. Der damit verbundene beträchtliche Landgewinn bot natürlich einen zusätzlichen Anreiz. Prinz Eugen ritt mit seinen Dragonern unter dem Oberbefehl Karls von Lothringen, und wieder einmal zeigte er, was in ihm steckte: Mut und Draufgängertum – Charakterzüge, die moderne Psychologen vielleicht mit der körperlichen Kleinheit und vermeintlichen Unscheinbarkeit des Prinzen begründen mögen.

Der Feldzug begann vielversprechend. Bei Waitzen mussten die Türken eine empfindliche Niederlage einstecken, Pest war schnell eingenommen und schon stand das Heer Ende Juli 1684 mit 24000 Mann Infanterie und 14600 Reitern vor der starken Festung Buda, dem wichtigsten türkischen Stützpunkt. Eine Woche würde die Belagerung dauern, so kalkulierte Karl von Lothringen. Was für ein Irrtum! Bald erwies es sich als tödlicher Fehler, dass die Laufgräben nicht sorgfältig genug angelegt worden waren und dass in der Führung Uneinigkeit und mangelnde Entschlussfähigkeit herrschten.

Bei der Inspektion der Laufgräben traf Prinz Eugen eine türkische Musketenkugel am Arm, seine erste Kriegsverletzung. Im Laufe seines Lebens sollten acht weitere folgen. Vor Buda kam aber nicht nur der Prinz zu Schaden. Türkische Ausfälle und Artilleriebeschuss fügten dem gesamten Heer massive Schäden zu, bald war die Hälfte der Infanterie verloren. Und als dann auch noch die Ruhr ausbrach, schien die Lage gänzlich hoffnungslos. Rettung konnte jetzt nur noch Max Emanuel von Bayern bringen, der mit 8000 Mann im Anmarsch war. Als er Anfang September eintraf, brachte dies jedoch auch nicht die erhoffte Wendung. Anfang Oktober scheiterte auch ein letzter Generalsturm, die Belagerung wurde abgebrochen.

Das Heer, das sich im Oktober in seine Winterquartiere schleppte, war um 23000 Mann dezimiert. Auch Prinz Eugens Regiment war so gut wie ruiniert. Aufgegeben aber hat er trotz dieser schweren Niederlage nicht. Er reiste im Winter nach Turin, um beim Herzog von Savoyen abermals Geld zu erbitten – und erhielt 20000 Lire. Genug, um sein Regiment neu zu rekrutieren.

Schon im Sommer 1685 nahm Prinz Eugen neuerlich am Feldzug in Ungarn teil. Bei der Schlacht vor Gran und bei der Eroberung der Festung Neuhäusel bewies er Einfallsreichtum und oft wilde, ungestüme Entschlossenheit. Im Feld war der Prinz in seinem braunen Lederkoller und dem schmalen Kürass jetzt immer der »kleine Kapuziner, der wie der Teufel dabei war«. Sein Grundsatz lautete bei allen Einsätzen: »Sieg oder Tod«. All das beeindruckte seine Dragoner und auch den Kaiser. Dieser beförderte den erst 22-jährigen zum Generalfeldwachtmeister und erhob ihn damit in den Rang eines Generals.

Ein »Etablissement« in Spanien?

Eine endgültige Bindung an Österreich bedeutete diese Beförderung für Prinz Eugen aber immer noch nicht. Dass ihn der rasche Aufstieg und die nun auch in Wien deutlich spürbare Achtung und Anerkennung freuten und stolz machten, steht außer Zweifel. Nach wie vor hatte er jedoch mit finanziellen Sorgen zu kämpfen. Die Rangerhöhung hatte seine Einkünfte nicht steigen lassen, seine Ausgaben hingegen schon. Er war nach wie vor auf die erst nach langem Bitten gewährten Zuwendungen aus Turin und auf die Gastfreundschaft Borgomaneros angewiesen, in dessen Wiener Palais er immer willkommen war – aber eben als Gast.

Mittlerweile in seinem Selbstbewusstsein gestärkt, begann er sich umzusehen, ob er vielleicht im Dienste eines anderen Monarchen noch schneller weiterkommen könne. Gemeinsam mit seiner Mutter Olympia, die ohnehin gerade ihren Umzug von Brüssel nach Madrid plante, reiste er im Frühjahr 1686 an den Hof des spanischen Habsburgers, musste dort aber erfahren, dass kein entsprechendes »Etablissement« für ihn zu erreichen war. Und als sich auch hochfliegende, von seiner Mutter geschmiedete Heiratspläne zerschlugen, kehrte er nach Wien zurück, um nichts reicher als den Titel eines spanischen Granden erster Klasse, den ihm Karl II. verliehen hatte.

Der Türkenkrieg 1686

In Wien herrschte im Frühjahr 1686 totale Aufbruchsstimmung. Man rüstete zu einem neuen Feldzug gegen die Türken, und der nahm die Ausmaße eines gigantischen Kreuzzuges an. Der Krieg war zur Glaubenssache geworden, die Kirche führte groß angelegte Sammlungen durch und veräußerte sogar Kirchengüter,

Vor Ofen kämpfte Prinz Eugen 1686 wie ein Löwe. Daran erinnert sein Reiterstandbild vor dem Hauptportal des Burgpalastes in Budapest.

um finanzielle Unterstützung leisten zu können. Im christlichen Heer befanden sich Truppen aus den unterschiedlichsten Ländern, darunter Max Emanuel von Bayern, inzwischen der Schwiegersohn von Kaiser Leopold, mit seinen 8000 Soldaten. Erstmals waren auch 7000 Preußen des Kurfürsten von Brandenburg dabei, der sich von seinem Bündnis mit Frankreich herauskaufen hatte lassen. Es war eine Armada von 74 000 Mann, die rechts und links der Donau Richtung Ofen (Buda) marschierte. Den Oberbefehl hatte Karl von Lothringen, um die Unstimmigkeiten in der Führung zu mindern, war für Max Emanuel ein Nebenkorps eingerichtet worden, unter seinem Kommando stand Prinz Eugen.

Nach einem Nachtritt tat sich Prinz Eugen besonders hervor. An der Spitze seiner Dragoner preschte er am 17. Juni nach Pest vor, die Türken flüchteten Hals über Kopf. Eiligst wurde eine Schiffsbrücke über die Donau geschlagen, so konnte die südliche Vorstadt von Ofen besetzt und die Stadt praktisch eingeschlossen werden. Ofen war eine hart zu knackende Nuss. Die Türken leisteten erbitterten Widerstand und erwiesen sich als Meister der Kriegsführung. Aber auch Prinz Eugen muss gekämpft haben wie ein kleiner Teufel. Bei einem Ausfall am 29. Juni wurde er mit zwei Schwadronen Reiterei auf die türkische Kavallerie losgeschickt. Es gelang ihm, die Türken weit zurückzudrängen. Einmal wurde ihm ein Pferd unter dem Leib weggeschossen, aber gelenkig und klein wie ein Jockey wechselte er blitzschnell auf ein anderes Pferd. Ein anderes Mal preschte er so weit in die feindlichen Linien vor, dass er von seinen Kameraden herausgehauen werden musste, und einmal wurde er durch einen Pfeilschuss an der Hand verletzt.

Die Belagerung dauerte zwei Monate. Sie folgte dem oft erprobten Muster von Angriff und Ausfall, von Artilleriebeschuss und zur Explosion gebrachten Minen. Die hohen Herren, Generäle, Befehlshaber und adelige »Schlachtenbummler« aus halb Europa, hielten sich in einiger Entfernung zum unmittelbaren Kriegsgeschehen auf. Ihre Quartiere waren bestens ausgestattet, hier ließ sich in angenehmer Umgebung repräsentieren, geladene Gäste konnten darauf zählen, erstklassig bewirtet und unterhalten zu werden.

Am 2. September 1686, knapp drei Jahre nach dem Entsatz von Wien, setzten die kaiserlichen Truppen zum Generalsturm an. Diesmal war Prinz Eugen nicht dabei, er hatte den Rücken der Armee gegen die Türken frei zu halten. Der Kampf wurde mit voller Härte, Mann gegen Mann, geführt, am Ende des Tages gaben die Türken auf. Ofen war erobert, nach Wien war das der größte Sieg des christlichen Heeres gegen die Türken. In Wien wurde zu diesem Anlass der goldene Halbmond von der Spitze des Stephansdoms geholt und durch Christenkreuz und Reichsadler ersetzt.

Während die Siegesbotschaft von einem »fliegenden Reiter« nach Wien gebracht wurde, spielten sich in Ofen grauenhafte Szenen ab. Die Sieger plünderten, mordeten und vergewaltigten, was das Zeug hielt. Hunderte Türken und ungarische Calvinisten und Juden, die auf deren Seite gekämpft hatten, wurden brutal niedergemetzelt. Erst strikte Anweisungen der Befehlshaber machten dem Blutrausch ein Ende. Das rettete rund 2000 Türken das Leben, sie wurden gefangenen genommen und nach Wien gebracht – wo es inzwischen zum guten Ton zählte, sich »Haustürken« zu halten.

Prinz Eugen hat in Ofen in tiefe Abgründe geblickt. Er hat miterlebt, zu welch ungeheuerlichen Grausamkeiten Menschen fähig sind. Berührt hat es ihn nicht. Er hat es als das hingenommen, was es immer war und immer sein wird: als die dunkle Seite des Kriegshandwerks.

Finanzielle Nöte

Sowohl Max Emanuel von Bayern als auch Karl von Lothringen lobten dem Kaiser gegenüber Prinz Eugens Tapferkeit und Mut. So viel Anerkennung er aber auch erntete, an seiner finanziellen Situation änderte sich nichts. Er versuchte noch einmal, in Spanien Fuß zu fassen und sandte entsprechende Schreiben nach Madrid – ohne Erfolg. Im Winter 1687 lud ihn Max Emanuel zum Karneval nach Venedig ein – für Prinz Eugen vermutlich ein Horror vergleichbar mit dem Münchner Fasching, denn Pomp und Prunk waren ihm zutiefst zuwider und die Schönheit der venezianischen Frauen reizte ihn nicht im Geringsten. Er sagte trotzdem zu. Vielleicht, um in Venedig, wo sich zu diesem Zeitpunkt die ganze Welt, auch Fürsten, Minister und Diplomaten, ein Stelldichein gab, Möglichkeiten zu finden, an seiner eigenen Zukunft zu schmieden.

Die Hoffnungen des Prinzen erfüllten sich – wenn auch nicht sofort. In Venedig erschien auch sein Vetter Victor Amadeus, der Herzog von Savoyen. Und tatsächlich scheint es Prinz Eugen abseits vom Karnevals-Trubel gelungen zu sein, ihn zu überreden, für seine finanzielle Absicherung zu sorgen. Er muss konkrete Zusagen bekommen haben, denn aus Venedig wieder zurück in Wien, blickte er zuversichtlicher in die Zukunft als je zuvor.

Das war auch dringend notwendig. Denn für das Jahr 1687 stand ein weiterer Feldzug gegen die Türken auf dem Plan. Und auch er wurde für Prinz Eugen zur Gelegenheit, Lorbeeren zu ernten. In der Schlacht am Fuße des Berges Harsan nahe Mohács, wo die Türken 1526 einen entscheidenden Sieg errungen hatten, trug er mit der Erstürmung der feindlichen Schanzen entscheidend zum Sieg bei. Zur Belohnung wurde ihm eine große Ehre zuteil: Er durfte die Meldung dem Kaiser in Wien persönlich überbringen. Was er auch prompt erledigte. In Gewaltritten eilte er vom Schlachtfeld nach Wien, ließ sich am frühen Morgen die Tore öffnen, kündigte den noch schlafenden Bürgern durch »hellen Posthornstoß« »fröhliche Zeitung« an und erstattete dem Kaiser mündlichen Bericht über den Sieg und darüber, dass die Türken in dieser Schlacht 8000 Mann verloren hätten. In abermaligen Gewaltritten kehrte er ins Feld zurück.

Für den Kaiser waren die Erfolge im Krieg gegen die Türken von höchster Wichtigkeit. Jetzt konnte er im ungarischen Reichstag in Pressburg die Erblichkeit seiner Krone durchsetzen. Tatsächlich wurde im Dezember 1687 der damals neunjährige Erzherzog Joseph in Pressburg gekrönt. Wenige Wochen später erhielt auch Prinz Eugen eine hohe Auszeichnung. Karl II. von Spanien hatte beschlossen, Eugen im Hinblick auf seine persönlichen Qualitäten und die Verdienste seiner Vorfahren um die Casa d'Austria zum Ritter des Ordens vom Goldenen Vlies zu ernennen. Am 31. Januar 1688 legte ihm der Kaiser in der Ritterstube der Wiener Hofburg den Orden höchstpersönlich um den Hals. So sehr sich Prinz Eugen über die Aufnahme in die Gemeinschaft der edelsten Ritter geehrt fühlte, für die vermutlich wieder einmal seine Mutter Olympia die Fäden gezogen hatte, ungetrübt war seine Freude nicht: Er musste die goldene Kette selbst bezahlen, und das riss ein tiefes Loch in sein ohnehin mageres Budget.

Gequält von seinen ewigen Geldnöten wandte er sich auch im Winter 1688 an Turin. Ohne finanzielle Hilfe könne er sich am Wiener Hof nicht halten, klagte er Herzog Victor Amadeus von Savoyen, und erinnerte ihn an seine in Venedig gegebene Zusage. Diesmal kam die Hilfe prompt. Der Herzog schickte eine beträchtliche Geldsumme, und bald danach kam die so lang ersehnte frohe Botschaft: Prinz Eugen waren zwei frei gewordene Abteien in Savoyen-Piemont zugefallen, San Michele della Chiusa und Santa Maria di Casanova. Die Tonsur und die niedrigen Weihen hatte er erhalten, und da er nicht verheiratet war, konnte er das Amt eines Laienabtes antreten, das Pfründe versprach. Es dauerte zwar noch einige Monate, denn zuerst musste die Zustimmung des Papstes eingeholt werden, dann aber war der junge Prinz seine finanziellen Probleme ein für alle Mal los. Mit den Einkünften aus den Abteien und seinem Gehalt – der Kaiser hatte ihn an dem Tag, an dem er das Goldene Vlies erhielt, auch zum Feldmarschall-Leutnant ernannt – hatte er nun ein Jahreseinkommen, mit dem es sich recht gut leben ließ. Vorerst. Denn lange sollte es nicht mehr dauern, bis seine Kasse richtig munter zu klingeln begann.

Sturm auf Belgrad

Zu Beginn des Jahres 1688 war die Position der Türken am Balkan bereits geschwächt. Sie hatten weite Teile Ungarns und Siebenbürgens verloren, Kundschafter berichteten auch von internen Schwierigkeiten und Aufständen in Konstantinopel. Das sorgte bei den kaiserlichen Truppen für Optimismus. Die Türken hielten nach wie vor die wichtige Festung Belgrad. Ihr galt der Feldzug dieses Jahres. Streitigkeiten in der Führung gab es diesmal keine. Karl von Lothringen lag krank in seiner Residenz, also übertrug der Kaiser den Oberbefehl Max Emanuel von Bayern. Ganz wohl war ihm bei dieser Entscheidung nicht, denn er kannte die ungestüme, oft schwer berechenbare Natur seines Schwiegersohnes. Der »Blaue König«, wie er wegen seines blauen Waffenrocks genannt wurde, übertraf dann aber doch alle Erwartungen. Und seine draufgängerische Art verhalf ihm zum Sieg. Er konnte Belgrad in einem blutigen, äußerst verlustreichen Generalangriff am 6. September einnehmen.

Prinz Eugen war bei diesem entscheidenden Sturm auf die Festung nicht mit dabei. Er war Anfang September in den Laufgräben »hart blessiert« worden. Eine Musketenkugel hatte ihn am Bein getroffen. Prinz Eugen wurde nach Wien gebracht. Das Geschoß saß so tief, dass es wochenlang nicht entfernt werden konnte. Bald kamen Wundfieber und eine schwere Bronchitis dazu. Der Herzog von Savoyen entsandte einen Chirurgen nach Wien. Die Wunde musste offengehalten werden, und erst im Dezember konnte die Kugel endlich entfernt werden. Erst im Januar war der Patient wieder genesen.

Mit dem Fall von Belgrad waren die Türken weit zurückgedrängt. Schon hoffte man, sie ganz vom Balkan vertreiben zu können, ja sogar Konstantinopel rückte in greifbare Nähe. Da verlagerte sich der Kriegsschauplatz. Im Westen Europas waren die Truppen Ludwigs XIV. im Vormarsch. Sie drangen in das Heilige Römische Reich ein. Jetzt galt es, sie zu stoppen.

[3]

Bittere Kriegsjahre

*»Meine Leute konnten
auf den Leichen der Feinde
stehen wie auf einer Insel.«*

PRINZ EUGEN NACH DER
SCHLACHT VON ZENTA

Wenn ich nach Frankreich zurückkehre, dann nur mit dem Schwert in der Hand!« Das soll Prinz Eugen nach der Abfuhr, die ihm Ludwig XIV. erteilt hatte, geschworen haben. Belegt ist dieser Ausspruch nirgends – wahr geworden ist er dennoch.

Verbrannte Erde

Der Sonnenkönig verfolgte ein großes Ziel: die Machtausdehnung Frankreichs und die Vorherrschaft in Europa. Unter dem Vorwand der »Reunion« hatte er zu Beginn der 1680er Jahre Straßburg und 600 Herrschaften und Orte im Elsass, in Luxemburg und Lüttich eingenommen. Militärisch konnte Kaiser Leopold I. dagegen nichts unternehmen, denn er musste all seine Kräfte den Türken entgegensetzen. Um die Franzosen am weiteren Vormarsch zu stoppen, war ihm 1684 nichts anderes übrig geblieben, als im Regensburger Waffenstillstand den vorläufigen Verlust dieser Gebiete anzuerkennen. Er tat es zähneknirschend.

Der Fall Belgrads veränderte die Situation schlagartig. Jetzt musste der mit den Türken verbündete Ludwig XIV. befürchten, dass der Kaiser seine frei gewordenen Truppen gegen ihn mobilisieren würde und beeilte sich, den Krieg selbst zu eröffnen. Unter dem Vorwand, Erbansprüche seiner Schwägerin Liselotte von der Pfalz durchzusetzen, besetzte er 1688 die Pfalz. Dass die unglückliche Liselotte längst auf ihre Ansprüche verzichtet hatte, spielte dabei keine Rolle.

Was darauf folgte, war eine einzige Katastrophe. Während sich so gut wie ganz Europa, nämlich Österreich und die wichtigsten Reichsfürsten, Spanien, Schweden, Holland und auch Savoyen in der Koalition gegen Frankreich verschwor, riet Kriegsminister Louvois zur Taktik der »verbrannten Erde«. Der König befahl sie – und schuf damit ein solides Fundament für die französisch-deutsche Erzfeindschaft, die Jahrhunderte andauern sollte.

Prinz Eugen, der gerade erst von seiner vor Belgrad erlittenen Verletzung genesen war und nach Monaten qualvoller Schmerzen wieder richtig gehen und reiten konnte, wurde im Januar 1689 mit dem Kommando über drei Kavallerieregimenter be-

Die Franzosen agierten mit unvorstellbarer Härte. Auch der Dom zu Speyer wurde weitgehend verwüstet.

traut. Bis die Truppen der antifranzösischen Allianz unter dem Oberbefehl von Karl von Lothringen endlich in Marsch gesetzt werden konnten, verging aber wertvolle Zeit. Und als sie endlich an Ort und Stelle eintrafen, war es bereits zu spät. Worms, Speyer, Mannheim und Heidelberg lagen in Schutt und Asche. Tausende von Menschen waren auf der Flucht, und das einst so grüne, fruchtbare, blühende Land war eine von rauchenden Ruinen durchzogene Wüste.

Es muss im Juli dieses Jahres gewesen sein, als Prinz Eugen bei einem Vorstoß auf Straßburg zum ersten Mal mit französischen Soldaten in Berührung kam. Er schlug etliche feindliche Abteilungen und erbeutete zwei beladene Rheinschiffe. Gut möglich, dass ihm angesichts der französischen Soldaten das ganze Elend seiner Pariser Jahre bewusst wurde: der übertriebene Pomp des Hofes, die Lügen und die Intrigen, die Verbannung seiner Mutter, die Demütigungen und die Verachtung, mit denen er aufgewachsen war, und schließlich die hochmütige Abfuhr, die ihm der König erteilt hatte.

Prinz Eugen kämpfte wild und entschlossen. Er traf die Franzosen immer wieder empfindlich, in Straßburg zuerst, dann bei der Belagerung von Mainz. In Paris begann es dem Sonnenkönig langsam zu dämmern, dass er mit seiner Ablehnung den wohl schwersten Fehler seines Lebens begangen hatte.

In Augsburg hingegen, das vorübergehend zur Reichshauptstadt geworden war, demonstrierte Leopold I. den Glanz des Kaiserreiches. Wenige Tage nach der Krönung von Kaiserin Eleonora im Januar 1690 ließ er seinen Sohn Joseph zum Römischen König krönen. Prinz Eugen nahm an den aufwändigen Zeremonien teil. Wirklich zum Feiern aber war ihm nicht zumute. Denn bei diesem Anlass zeigte sich einmal mehr: Für spektakuläre Feste war der Kaiser bereit, Unsummen auszugeben, für seine Armee hingegen musste das Allernötigste reichen.

Auf Brautschau – ein Intermezzo

Um wenigstens seine eigene finanzielle Situation auf eine solidere Basis zu stellen, versuchte Prinz Eugen im Frühjahr 1690 noch einmal, sich mit einem für ihn höchst strapaziösen Thema auseinanderzusetzen. Sollte er nicht doch in den heiligen Stand der Ehe treten? Mit einer vermögenden Erbin? Der Kaiser war sofort Feuer und Flamme für dieses Vorhaben. Ihm lag viel daran, dass sein erklärter Favorit auch in privaten Dingen »reüssierte«.

Diesmal war es nicht die Mutter, sondern Ludwig Wilhelm von Baden, der eine kühne Strategie entwickelte, um seinen alten Kampfgefährten in den Hafen der Ehe zu manövrieren. Er reiste mit ihm zur Brautschau nach Schloss Raudnitz in Böhmen. Dort gab sich der Prinz aber noch mürrischer und wortkarger als sonst. Und bei erster Gelegenheit reiste er ab. Unverlobt, Hals über Kopf, noch vor Ludwig Wilhelm.

Kampf gegen die Windmühlen der Bürokratie

Bald allerdings war Prinz Eugen wieder in seinem Element. Ende Mai ernannte ihn der Kaiser zum General der Kavallerie, kurz danach erhielt ausgerechnet er, dessen Familie ja aus Savoyen stammte, das Kommando über die Truppen, die dem Herzog von Savoyen zu Hilfe geschickt werden sollten.

Viktor Amadeus II., der Herzog von Savoyen, war in einer schwierigen Lage. Sein gebirgiges Land lag genau in der Mitte zwischen den Krieg führenden Mächten Frankreich und Habsburg, und in Mailand und der Lombardei saßen die alliierten Spanier. Mit wem immer er auch ein Bündnis einging, es musste ihn in Schwierigkeiten bringen. Im Juni 1690 entschloss er sich zu einer Allianz mit den antifranzösischen Kräften. Daraufhin setzte der Kaiser ein Hilfskorps in Marsch.

Prinz Eugen verfügte zu diesem Zeitpunkt bereits über beachtliche Erfahrung im Kriegshandwerk. Umso härter trafen ihn die Unfähigkeit, die Entscheidungsschwäche und die ewigen Streitereien unter den Oberbefehlshabern. Von den spanischen Alliierten war er überhaupt enttäuscht. In einem Brief beschrieb er seinen Besuch beim spanischen Gouverneur in Mailand: »Der Graf Fuensalida hat mich auf die ihm eigene Art im Bett empfangen, seine Schlafmütze auf dem Kopf, viel mehr einem Affen als einem Menschen gleichend.«[1]

Abgesehen davon, dass das Chaos im eigenen Lager gezielte, strategisch wirksame Aktionen nur bedingt zuließ, stellte sich auch die Bevölkerung vehement gegen die Armee. Prinz Eugen sah sich plötzlich mitten in einem Partisanenkrieg, immer wieder hörte er, dass man versuchte, ihn zu vergiften oder hinterrücks zu ermorden. Er reagierte mit Strafaktionen. Zimperlich ging er dabei nicht vor.

Sobald die Armee ihre Winterquartiere bezog, reiste Prinz Eugen jedes Jahr nach Wien. Sosehr er sich auch bemühte, für seine Soldaten, die schlecht ausgerüstet waren und oft Monate auf ihren Sold warten mussten, mehr materielle Unterstützung zu bekommen, er stieß immer auf taube Ohren. Bei Ministern und Hofstellen waren Gleichgültigkeit und Schlendrian an der Tagesordnung, was zählte, war das Essen, Trinken und Spielen. Der Kaiser übte sich in Interesselosigkeit. »Die Angelegenheiten des Reiches haben während einiger Stunden den Kaiser beunruhigt,« brachte Prinz Eugen die Situation in einem Brief scharfzüngig auf den Punkt. »Aber Gott sei Dank hat es an dem Tag eine Prozession gegeben, die alles vergessen ließ.«[2]

Obwohl sich der Krieg in Italien alles andere als positiv entwickelte, stieg Prinz Eugen auf der Leiter seiner Karriere um eine Sprosse höher. Im Mai 1693 verlieh ihm der Kaiser das Feldmarschallpatent, und damit zählte er zum innersten Kreis der kaiserlichen Generalität. Spätestens zu diesem Zeitpunkt muss er beschlossen haben, endgültig in Wien Fuß zu fassen. Im darauf folgenden Jahr erwarb er in der Trabothgasse, der heutigen Himmelpfortgasse, ein Haus. Es war eine bescheidene Bleibe, nur drei Fenster breit, und den Kaufpreis von 33 000 Gulden musste er sich ausborgen, wahrscheinlich von seinem Freund Tarino. Später kaufte er die benachbarten Grundstücke dazu und baute das Haus so prachtvoll aus, dass es noch heute als Sitz des Finanzministeriums dient.

In Savoyen kündigte sich bald eine Wende an. Die Franzosen hatten dem Land schmerzhafte Wunden zugefügt. Herzog Victor Amadeus zweifelte immer mehr daran, den Krieg im Bund mit Habsburg gewinnen zu können. Während Prinz Eugen noch eifrig Vorbereitungen für den nächsten Feldzug traf, wechselte der Herzog schon die Seiten. Bald liefen Geheimverhandlungen mit den Franzosen, wurden die Aktionen des frisch gebackenen Feldmarschalls systematisch sabotiert. 1696 bekannte sich der Herzog schließlich offen zu Frankreich. Jetzt führte er seine Truppen selbst gegen die Kaiserlichen und die Spanier. Prinz Eugen hatte das Feld schleunigst zu räumen.

Bald darauf endete der Pfälzische Erbfolgekrieg. Der »Türkenlouis« hatte den französischen Angriff in einem reinen Verteidigungskrieg zum Stehen gebracht. Frankreich aber war an diesem Krieg nahezu verblutet. Die Kassen Ludwigs XIV. waren leer, das Volk hungerte. Unmut über dic maßlose Verschwendung bei Hof wurde laut, fernes Donnergrollen zwar noch, vielleicht aber schon ein Vorbote für das Unwetter der späteren Französischen Revolution. Im September 1697 wurde der Pfälzische Erbfolgekrieg mit dem Frieden von Rijswijk offiziell beendet. Die Franzosen räumten das rechte Rheinufer, ihre Expansionstendenzen waren vorerst gestoppt. Italien wurde unabhängig.

Für Prinz Eugen gingen damit sieben bittere Kriegsjahre zu Ende. Nie zuvor hatte er so viele Enttäuschungen erlitten und so unermüdlich gegen die Windmühlen österreichischer Bürokratie und Schwerfälligkeit gekämpft. Kriegsmüde aber war er noch lange nicht. Das war sein Glück. Denn bald sollten ihn neue Siege in Ungarn alles vergessen lassen.

Erneut gegen die Türken

Die Türken waren auf dem Balkan längst wieder auf dem Vormarsch. Seit der »Türkenlouis« an die Rheinfront abgezogen worden war, stand ihnen auch nicht viel im Weg. Sie konnten Belgrad relativ leicht zurückerobern, und bald fühlten sie sich stark genug, um abermals Wien ins Visier zu nehmen. Sultan Mustafa II. rückte mit rund 100 000 Mann heran. An der Spitze die Sturmtruppe der Janitscharen, die berüchtigte Reiterei der Spahis, dann Artillerie, Sappeure und Mineure und schließlich der ungeheure Tross der Handwerker, Köche, Musiker, Gaukler, des Harems und der Eunuchen.

Im Sommer 1697 stand Sultan Mustafa II. in Zenta an der Theiß, schon war für ihn Buda wieder in greifbarer Nähe. Der Kaiser musste etwas unternehmen, und zwar rasch. Aber wer sollte an die Türkenfront? Der bisherige Oberfeldherr Caprara war alt, kränklich und übervorsichtig.

Prinz Eugen hatte dem Kaiser nach dem Italien-Desaster seine Verbundenheit ausgedrückt: »... daß auf nichts anderes gedenken werde, als mit meinem letzten Blutstropfen in solcher allerpflichtmäßigster Treue und Beständigkeit meinen Geist aufzugeben.« Bei den Friedensverhandlungen von Rijswijk hatte Rüdiger Graf Starhemberg ein Loblied auf den mittlerweile 34-jährigen Prinzen gesungen: »Von denen, so im Stand sind zu dienen«, wisse er keinen, »der mehr Verstand, Experienz, Applikation und Eifer zu Euer Kaiserlichen Majestät Dienst

Sultan Mustafa II. hatte sich ehrgeizig vorgenommen, verlorene Gebiete in Ungarn zurückzuerobern. In Zenta erlitt er eine vernichtende Niederlage.

hätte ... auch die Liebe und Respekt bei der Miliz, als der Prinz von Savoyen.« [3]

Der Kaiser zögerte lange. Er betete, ging in sich und blieb skeptisch. »Oh mein Vater im Himmel, wie hasse ich es, Entscheidungen treffen zu müssen«, seufzte er immer wieder.[4] Schließlich ernannte er abermals Friedrich August von Sachsen zum Oberbefehlshaber, einen damals bereits weltbekannten

Draufgänger, Genussmenschen und Schürzenjäger, der aber immerhin 8000 Mann mitgebracht hatte. Nicht zuletzt infolge der Planlosigkeit und Halbherzigkeit des Kaisers, der einem Zwei-Fronten-Krieg einfach nicht gewachsen war, hatte er bisher aber nur glücklos agiert. Graf Johann Ludwig Bussy-Rabutin, einer der Generäle, formulierte es in einem Brief: »Vor diesen letzten vier Feldzügen waren die Türken im Vergleich zu unseren Truppen, was die Hasen im Vergleich zu den Jagdhunden sind, aber diese unglücklichen Kampagnen haben sie so geändert, daß sie sich nun gleich sind.«[5]

Reiner Zufall oder das Glück des Tüchtigen? Prinz Eugen war nach langem Hin und Her als zweiter Mann unter Friedrich August von Sachsen vorgesehen. Dann aber überschlugen sich die Ereignisse: Kurz nach seiner abermaligen Ernennung zum Oberbefehlshaber wurde Friedrich August von Sachsen überraschend zum König von Polen gewählt.

Oberbefehl für Prinz Eugen

Die Zeit aber drängte. Der Kaiser stand unter Zugzwang. Widerwillig, aber doch überraschend schnell ernannte er Prinz Eugen zum Oberbefehlshaber. Er hatte Angst vor seinen überstürzten Blitzaktionen und befürchtete, dass er statt sorgfältig geplanter strategischer Aktionen wieder waghalsige Husarenstücke liefern würde. Auf seinen schweren Weg nach Ungarn gab er ihm daher eine strikte Order mit: Er dürfe nichts unternehmen, ohne sich vorher mit seinen Generälen zu beraten, dürfe auf keinen Fall »hazardieren« und solle sich mit dem Feind auf kein Treffen einlassen, »außer mit einem großen Vorteil und fast sicherer Hoffnung auf einen glücklichen Ausgang«.[6]

Dass Prinz Eugen diesen Befehl ignorierte, hat das Gesicht Europas verändert. Aber noch war es nicht so weit. Zuerst einmal galt es, Vorbereitungen zu treffen. Für sich selbst ließ Prinz Eugen einen Kürass anfertigen, auf dessen linker Brusthälfte die Mariazeller Madonna abgebildet war. Schon die erste Inspektion der Truppen machte ihm klar, dass er die Hilfe der Mutter Gottes auch dringend brauchen würde. Statt der erwarteten Sollstärke des Hauptheeres von 80 000 Mann seien erst 31 142 Mann zur Stelle, meldete ihm General Graf Guido Starhemberg. »Dann bin ich eben der 31 143ste«, war die lakonische Antwort des Prinzen. »Und wir werden bald mehr sein.«[7]

Es wurden mehr, allerdings nur 50 000 Mann. Und die waren schlecht ausgerüstet, hungrig, oft seit Monaten ohne Sold. Um zumindest den Nachschub auf der Donau zu sichern, musste Prinz Eugen beim Statthalter der Steiermark ein Darlehen von 12 000 Gulden aufnehmen, denn an der Theiß war nur für vier Wochen Mehl, für höchstens drei bis vier Tage Futter und für zehn Tage Brennholz vorrätig.

Als Prinz Eugen am 11. September 1697 mit seiner ziemlich desolaten und kaum motivierten Truppe in Zenta ankam, war es bereits Nachmittag. Die Männer waren Tag für Tag bis zu sechzehn Stunden marschiert, sie waren erschöpft. Die Husaren hatten einen Pascha gefangen genommen. Der Prinz verhörte ihn persönlich. Von ihm erfuhr er, dass die Türken aus 60 Schiffen

Als Prinz Eugen in Zenta eintraf, setzten die Türken gerade über die Theiß. Der waghalsige Überraschungsangriff bescherte ihm seinen ersten großen Sieg.

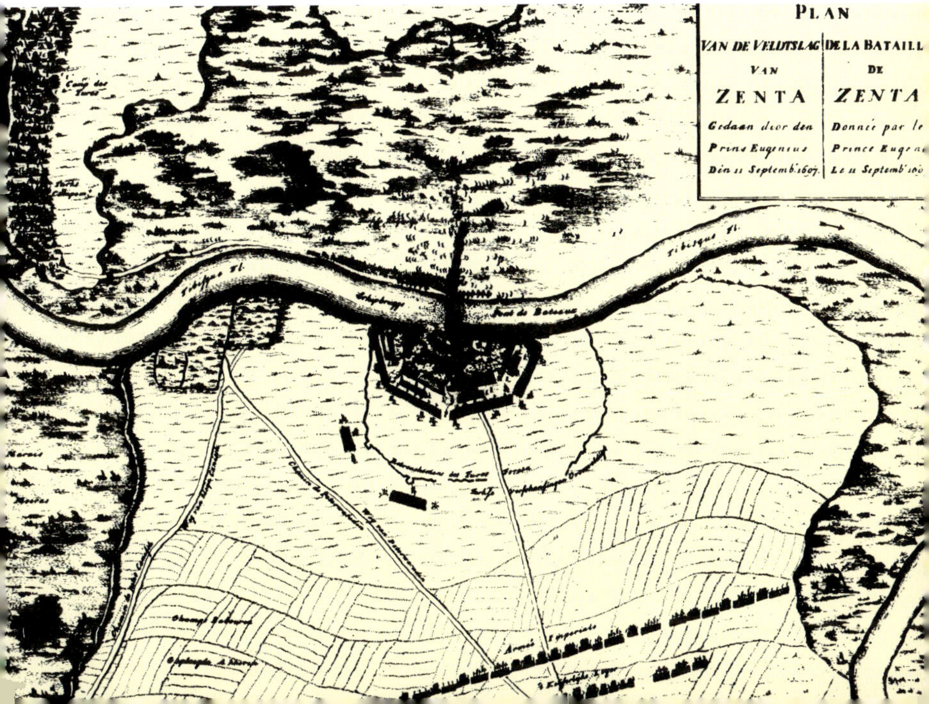

eine Brücke geschlagen hatten und dass der Sultan seit dem frühen Morgen dabei war, vom südlichen auf das nördliche Ufer der Theiß überzusetzen. Bis die gesamte Armee durch das Nadelöhr einer einzigen Brücke geschleust war, würde es wohl noch die ganze Nacht dauern.

Prinz Eugen erkannte seine Chance: In dieser Stunde waren die Türken wehrlos. Eine Depesche des Kaisers wurde ihm übergeben, er steckte sie ungeöffnet weg. Ohne lange strategische Planung, in einer ebenso waghalsigen wie genialen Blitzaktion, entschloss er sich spontan zur Attacke.

Erste Sternstunde: Die Schlacht bei Zenta

Zwei Stunden später hatte er den türkischen Brückenkopf halbkreisförmig umstellt, als es dämmerte, preschte die Kavallerie mit voller Wucht vor, und als die Nacht hereinbrach, war die türkische Armee aufgerieben. Fünfundzwanzigtausend Türken lagen tot auf dem Schlachtfeld, nur 2000 waren ins Lager des Sultans jenseits der Theiß entkommen und dann in totaler Panik Richtung Temesvar davongeritten. Gnade hatte es für niemanden gegeben, Gefangene waren nicht gemacht worden. In seinem Bericht über die Schlacht vermerkte Prinz Eugen: »Meine Leute konnten auf den Leichen der Feinde stehen wie auf einer Insel.«

Das volle Ausmaß des Sieges wurde erst am nächsten Tag klar: Die Türken hatten alles zurückgelassen, ihre Geschütze, ihre Rossschweife, ihre Fahnen. Das alles ergab üppige Beute. Sogar das Siegel Sultan Murats II. in einem kostbaren kleinen Petschaftssäckchen war zurückgeblieben. Es trug neben der kunstvoll verschlungenen Unterschrift des Sultans, der »Tuğra«, die Inschrift: »Mustafa, Sohn des Mehmet Han, immer siegreich«. Als ihm dies übersetzt wurde, soll Prinz Eugen gesagt haben: »Der Graveur muss sich geirrt haben!«[8]

Die Nachricht vom Sieg von Zenta traf am 15. September in Wien ein. Dragoneroberst Graf Dietrichstein überbrachte sie zusammen mit den eroberten Fahnen und dem Bericht des Prinzen: »Diese viktoriose Aktion hat sich geendet mit Scheidung Tag und

Zeichen der türkischen Niederlage von berührender Schönheit: Der Friedensvertrag von Karlowitz und das erbeutete Siegel Sultan Mustafas II.

Nacht, und hat sogar die Sonne selbst von dem Tag nicht ehender weichen wollen, bis sie mit ihrem glänzenden Auge den völligen Triumph E. kais. Mt. glorwürdigsten Waffen hat vollständiglich mit anschauen können.«[9]

Der Kaiser jubelte. Bald aber wurden in Wien kritische Stimmen laut. Man warf Prinz Eugen Hasard und Insubordination vor – schließlich hatte er eine Depesche, die ihm die Schlacht untersagt hätte, absichtlich nicht rechtzeitig geöffnet. »Das gräuliche Blutbad«, wie er die Schlacht von Zenta später nannte, machte ihn aber dennoch zum berühmtesten Feldherrn, wahrscheinlich des ganzen Jahrhunderts.

Nach einem Sieg wie diesem hätte vermutlich jeder andere Feldherr zum Rückzug geblasen, um sich zu Hause mit allem Pomp feiern lassen zu können. Nicht so Prinz Eugen. Jetzt kam sein kühler, kalkulierender Kopf zum Tragen: Der Feind war schwer angeschlagen, er stand unter Schock. Eine bessere Gelegenheit, ihm weitere Wunden zuzufügen, konnte es nicht geben. Es war allerdings schon Mitte September, bald würde das Wetter umschlagen, dann drohten Regen und Kälte alle Aktionen zu erschweren. Also musste schnell gehandelt werden. Eine Möglichkeit war, die Festung Temesvar zu erobern.

In dem Lager nördlich von Zenta, in das Prinz Eugen seine Armee verlegt hatte, weil der Leichengestank in der Umgebung des Schlachtfeldes unerträglich geworden war, erfuhr er, dass der Sultan vor seinem Aufbruch nach Konstantinopel einen Teil der Besatzung von Belgrad nach Temesvar verlegt hatte. Auf eine rasche Einnahme dieser starken Festung war also nicht zu hoffen. Eine Alternative war bald gefunden: Prinz Eugen entschloss sich zu einem »Blitzkrieg« in Bosnien.

»Blitzkrieg« in Bosnien

Esseg, Brod, dann durch das Bosnatal, Doboj, Maglai, Zenica, Kakain: Mit 4000 Reitern und 2500 Mann Infanterie bewegte sich Prinz Eugens Heer durch unwegsames, wenig bewohntes Gebiet, über Pässe und durch Schluchten, drei Wochen lang. Oft kam das Heer nur im Gänsemarsch voran, dann wieder trieb es die Türken förmlich vor sich her und nahm Burgen und Schlösser ein. Prinz Eugen ritt immer wieder voraus, um das schwierige Terrain selbst zu erkunden. Am 23. Oktober schaute er von den halbkreisförmig die Stadt umgebenden Hügeln zum ersten Mal auf Sarajevo hinunter.

Die Stadt lag friedlich da. Auf einem hohen Felsen thronte das Schloss, zu seinen Füßen erstreckte sich ein buntes Häusergewirr, überragt von den Kuppeln und Minaretten der über 100 Moscheen. Prinz Eugen entsandte einen Trompeter und einen Kornett in die Stadt und forderte die Türken zur Übergabe auf. Der Trompeter wurde sofort getötet, der Kornett aber konnte verwundet entkommen. Zurück im Lager der Kaiserlichen berichtete er, dass die türkische Bevölkerung bereits flüchte und die Stadt Hals über Kopf verlasse.

Wenige Stunden später war es für Prinz Eugen ein Leichtes, das bereits weitgehend geräumte Sarajevo einzunehmen. Am Abend brach ein Feuer aus, das die Stadt vollständig einäscherte. Der Feldmarschall schilderte die Einnahme Sarajevos in seinem Rapport in nüchternen, klaren Worten: »Ich machte Front zur Rechten der Stadt und entsandte eine Abteilung zum Plündern; die Türken hatten zwar ihre besten Sachen in Sicherheit gebracht, aber es fand sich noch genügend Beute. Gegen Abend brach ein Feuer aus ... Unter den Türken herrscht fürchterliche Verwirrung; wären nur wenig mehr Anstalten getroffen, könnte das ganze Königreich eingenommen und behauptet werden.« Am nächsten Tag hatte er Gelegenheit zu einem Nachsatz: »Man hat die Stadt völlig niedergebrannt und auch die ganze Umgebung.«[10]

Auch dieser Feldzug war mit voller Härte geführt worden. Ohne Erbarmen, ohne Rücksicht, ohne Gnade. Ganz im Sinne der Zeit. Seine Wirkung hat er nicht verfehlt. Die Türken waren stark geschwächt. Zurück in Wien, wurde Prinz Eugen als Kriegsheld gefeiert und gewürdigt, das Volk jubelte ihm zu. Der Kaiser, dem er das Sultanssiegel persönlich überreichte, beschenkte ihn mit einem kostbaren Ehrendegen und ließ ihm zu Ehren eine Silbermedaille mit seinem Porträt prägen.

Auch in Wien versuchte Prinz Eugen, die Gunst der Stunde zu nutzen. Noch im Dezember unterbreitete er dem Kaiser einen Plan zur Rückeroberung von Belgrad und Temesvar, forderte mehr Geld, bessere Ausrüstung, Verstärkung der Artillerie, Ausbau der Donauflottille, frische Pferde. Der Kaiser hörte interessiert zu, in die Kasse aber konnte er nicht greifen, sie war leer.

Das rächte sich. Im Sommer 1698 meuterten zwei Regimenter, weil sie keinen Sold bekommen hatten. Sie gaben offen zu verstehen, dass sie Offiziere töten und zu den Türken überlaufen würden, wenn sie ihr Geld nicht auf schnellstem Wege erhielten. Prinz Eugen reagierte mit unglaublicher Härte: Auf seinen Befehl hin wurden 20 Mann aufgehängt und zwölf erschossen, der Rest der Meuterer musste Spießruten laufen.

Der Friede von Karlowitz

Im Sommer 1698 dauerte es bis Juli, bis Prinz Eugen seine schlecht ausgerüsteten Truppen am Kriegsschauplatz hatte. Geld war so gut wie keines vorhanden, zu diesem Zeitpunkt spielte dies aber kaum mehr eine Rolle. Beide Parteien waren kriegsmüde. Längst schon liefen intensive Vorbereitungen für einen Frieden.

Ein eigenhändiges Schreiben des Sultans an den König von England war dann der Ausgangspunkt für die Friedensverhandlungen von Karlowitz. In aller Eile waren auf einer Anhöhe über dem zerstörten Ort Zelte für die Unterbringung der Delegierten aufgeschlagen worden. Die Verhandlungen wurden in einem rasch errichteten Holzhaus geführt, die Vertreter der westlichen Mächte saßen auf Stühlen, die Türken auf einem Diwan. In 36 Sitzungen wurde zäh und hartnäckig gerungen wie im Basar. Am 26. Januar 1699 mittags, an dem von türkischen Astrologen als günstig errechneten Zeitpunkt, wurde der Friedensvertrag schließlich unterzeichnet. Österreich erhielt Ungarn und Siebenbürgen. Der Banat blieb in türkischer Hand.

Nach 16 Jahren war der Krieg zu Ende, in dem unendlich viel Blut geflossen war. Und in dem Prinz Eugen vom kleinen, unbedeutenden Volontär zum gefeierten Helden, zum Sieger von Zenta, zum wahrscheinlich berühmtesten Feldherrn des damaligen Europa, aufgestiegen war.

Der Friede von Karlowitz bedeutete vorerst das Ende der Türkengefahr für Europa. Für das Osmanische Reich bildete er den Kulminationspunkt des Niederganges, für das Habsburgerreich hingegen stellte er den Beginn des Aufstiegs zur Großmacht dar.

Dafür zeigte sich Kaiser Leopold großzügig. Als Honorar gab es für Prinz Eugen eine Landschenkung. Er durfte selbst wählen und entschied sich für ein Gebiet im Mündungsbereich der Drau in die Donau, das gut ein Dutzend Dörfer umfasste. Die Mühen des Kriegshandwerks begannen, sich zu lohnen.

[4]

Der Weg zum Heldentum

»Entweder werde ich mich Belgrads oder die Türken werden sich meiner bemächtigen.«

PRINZ EUGEN VOR DER SCHLACHT VON BELGRAD

Avancez!«, so lautete Prinz Eugens Kommando zur Attacke. Er richtete seine Augen gegen den Himmel, seufzte »Mon Dieu!« – und preschte seinen Leuten voran. In die Schlacht, in das Gewühl, in den Kampf, der oft wirklich von Mann zu Mann geführt wurde, mit unerbittlicher Härte. Und in dem der geniale Stratege auch in den größten Turbulenzen den Überblick behielt.

Seit seinem Sieg bei Zenta war Prinz Eugen ein wohlhabender Mann. Er legte sein Geld gut an, indem er Immobilien kaufte. 1697 erwarb er Grundstücke im Bereich des Rennwegs – die außerhalb der Stadtmauern gelegenen, etwas ansteigenden, wenig attraktiven Areale waren günstig zu haben. Ein Jahr später kaufte er Grundstücke auf der Insel Czepel bei Buda. Sein Winterpalais in der heutigen Himmelpfortgasse war im Rohbau bereits fertig gestellt. Jetzt hätte er sich gerne mit weiteren Bauplänen beschäftigt. Ein elegantes Sommerpalais mit Blick auf Wien, ein prächtiges Schloss in Ungarn, ein hübsches, kleines Jagdschloss im Mündungsgebiet der Drau in die Donau, das waren seine Träume. Zu ihrer Verwirklichung aber hatte Prinz Eugen vorerst keine Chance. Er musste weiterhin seinen Soldaten »Avancez!« zurufen, nicht seinen Architekten. Und das auf zahllosen Schlachtfeldern in halb Europa.

Zum ersten Mal übte sich der bereits erfolgreiche Feldherr bei der Errichtung seines »Winterpalais« in der heutigen Himmelpfortgasse in Wien als Bauherr.

Das Gartenpalais »mit schönem Blick über die Stadt« entstand ab 1722, als die Repräsentationspflichten für Prinz Eugen immer wichtiger wurden.

Der spanische Erbfolgekrieg

Am Allerheiligentag des Jahres 1700 starb Karl II., der letzte Habsburger auf dem spanischen Königsthron, der von seinen Untertanen längst »Karl der Behexte« genannt worden war. In seinem Testament hatte er Philipp von Anjou, den Enkel von König Ludwig XIV., zu seinem Erben ernannt. Dagegen aber erhob Leopold I. von Österreich vehement Einspruch. Der Spanische Erbfolgekrieg entbrannte, ein Flächenbrand, der bald ganz Europa erfasste.

Im ersten »Weltkrieg« der Neuzeit bildete sich eine große Koalition gegen Frankreich, neben den Reichsständen verbündeten sich vorerst die Seemächte England und Holland gegen die neuerlichen Machtansprüche des Sonnenkönigs, später schlossen sich Portugal und Savoyen an. Auf der Seite der Franzosen standen zu Beginn die Kurfürsten von Bayern und Köln sowie Savoyen.

Schon im Jahr 1700 hatte Kaiser Leopold Prinz Eugen zum Mitglied des Geheimen Rates ernannt. Das berechtigte ihn dazu, auch in politischen Fragen ein Wort mitzureden. Der Kaiser hatte es eilig, den Krieg zu beginnen. Noch im November desselben Jahres betraute er Prinz Eugen mit der Leitung der Armee in Italien. Und hoffte, er würde sofort, also noch vor Wintereinbruch, losmarschieren und den Franzosen in Italien zuvorkommen. Dass die Truppen noch lange nicht einsatzbereit waren, dass die Regimenter zu Pferd und zu Fuß erst neu aufgestellt und »remontiert« und die Magazine gefüllt werden mussten, war der kaiserlichen Aufmerksamkeit entgangen. Als sich Prinz Eugen dann in aller Eile daran machte, seine Armee marschbereit zu machen, hatte er wie immer gegen Bürokratie und Schlendrian zu kämpfen. Vor allem der Hofkriegsratspräsident machte Schwierigkeiten. Bald wurde gemunkelt, Prinz Eugens wahrer Feind sitze nicht in Frankreich, sondern in Wien.

Als er im Mai endlich Richtung Italien aufbrach, war es verhängnisvoll spät. Die Franzosen hatten die Lombardei bereits besetzt, Marschall Catinat sperrte das Etschtal. Prinz Eugen brauche Flügel, um mit seiner Armee nach Italien zu kommen, hieß es. Aber dann hatte er eine noch bessere Idee: Er schickte einige seiner Einheiten vor, um so zu tun, als wollten sie die Franzosen frontal angreifen. Tatsächlich aber setzte er am 26. Mai mit Soldaten, Kavallerie und Artillerie zur Überquerung der Tridentinischen Alpen an.

Tollkühne Alpenüberquerung

Wie einst bei der Alpenüberquerung Hannibals, nur ohne Elefanten, bewegte sich der unendlich lange Zug der Armee über Saum- und Ziegenpfade, durchquerte schroffe Felswände und übersetzte rauschende Wildwasser. »Wo seit Menschengedenken kein Karren durchgebracht worden war«[1], wurde jede Kanone von fünfzehn Paar Ochsen gezogen und mit Kränen über besonders steile Abhänge gehievt. Acht Tage später war Prinz Eugen am Ziel und wunderte sich selbst darüber, wie er samt dem schweren Gerät der Artillerie durch diese hohen und gefährlichen Berge hatte kommen können.

Die Franzosen wurden von der halsbrecherischen Aktion völlig überrascht. Prinz Eugen konnte sie am 9. Juli bei Carpi schlagen und dann die Etsch überschreiten. Wenige Wochen später griffen die Franzosen unter dem Kommando von Marschall Villeroy bei Chiari an, auch diese blutige Runde ging an die Kaiserlichen. Entscheidung brachten diese Siege keine. Prinz Eugen aber, der mit seinen kühnen Aktionen das Unmögliche möglich machte, wurde langsam zum Mythos in ganz Europa. Während Ludwig XIV. den Feldmarschall, der es verstand, den Krieg ebenso als Fuchs wie als Löwe zu führen, mehr und mehr zu fürchten begann, wuchs besonders in England die Verehrung für ihn. So berichtete der kaiserliche Resident Hoffman aus London nach Wien: »Die Nachrichten über ihn und seine Taten erwecken hier ein so unbeschreibliches Vergnügen und erhöhen so sehr des Prinzen Reputation, daß bei jedem Gastmahl, ob groß, ob klein, sein Wohl ausgebracht wird.«[2]

Einen guten Anlass für einen Toast lieferte Prinz Eugen, als es ihm im Februar des folgenden Jahres in einem kühnen Handstreich gelang, in Cremona in das Lager der Franzosen einzudringen. Ein Pfarrer hatte ihm einen mannshohen Abzugsschacht verraten, durch den er 400 Mann in das Kastell schickte, die dann von innen die Tore öffneten. Villeroy wurde gefangen genommen, die Stadt selbst aber konnte nicht eingenommen werden, weil die erwartete Verstärkung nicht eintraf. Auch weitere Kämpfe dieses Jahres brachten keine Entscheidung. Villeroy wurde im September wieder frei gelassen, zum neuen französischen Heerführer aber wurde Louis Joseph de Vendôme ernannt. Jetzt standen sich zwei gleichwertige Heerführer gegenüber – und zwei Vettern.

Krise am Kaiserhof

Zumindest ebenso dramatisch wie das mangelnde Kriegsglück in Italien war im Jahr 1703 die Situation am Kaiserhof. Leopold I. selbst wurde langsam alt und scheute Entscheidungen mehr denn je, seinem Beraterstab erging es ähnlich. Der Hofbankier Samuel Oppenheimer starb und stürzte das Reich in eine Finanzkrise. In Oberungarn brach unter Franz II. Rákóczy der Aufstand aus, der sich rasch auf immer größere Gebiete ausdehnte. Schon hatten die mehr Räuberbanden als Revolutionären gleichenden Kuruzzen Oberungarn und Pressburg erobert und waren in Mähren, Niederösterreich und der Steiermark eingefallen. Um Wien vor ihnen zu schützen, ließ Prinz Eugen später den Linienwall errichten, den heutigen Gürtel.

Der stärkste Krisenherd war aber das Gebiet an der oberen Donau. Der mit Frankreich verbündete Max Emanuel von Bayern hatte in Tirol Kufstein, Rattenberg, Hall und Innsbruck besetzt. Mit den Tiroler Bauern allerdings hatte er nicht gerechnet. Sie boten ihm Paroli, die Bayern wurden bei der Pontlatzer Brücke geschlagen, und schließlich gelang es den Tirolern, die Bayern aus ihrem Land zu vertreiben.

Die kaiserlichen Truppen waren wieder einmal an einem Tiefpunkt angelangt. Kein Nachschub, keine Ausrüstung, kein Sold. In Wien herrschte nach wie vor nur Nachlässigkeit und Interesse lediglich für die aktuellen Faschingsveranstaltungen, Komödien, gutes Essen und Trinken. Prinz Eugen beschwerte sich aufs heftigste, machte den Hofkriegsratspräsidenten für die »Not des braven, jedoch ganz zerlumpten unbesoldeten Soldaten«[3] verantwortlich und setzte alle Hebel in Bewegung, um ihn zu Fall zu bringen. Seine Strategie brachte auch hier Erfolg. Kaiser Leopold bestellte den Ministerrat neu. Und zum Präsidenten des Hofkriegsrates ernannte er Prinz Eugen. Ihm unterstand somit das gesamte Militärwesen. »Ich hege wenig Hoffnung, etwas ausrichten zu können. Ich kenne meine geringe Eignung für diesen Posten,«, erklärte der frisch gebackene Militärintendant, »aber ich konnte ihn nicht länger in schlechten Händen lassen.«[4]

Vordringlichste Aufgabe war es, Geld zu beschaffen. Die Kassen waren leer. Prinz Eugen gelang es, den Kaiser davon zu überzeugen, dass diesmal die Kirche zur Kasse gebeten werden müsse. Tatsächlich wurde Kirchenvermögen besteuert und Kirchensilber beschlagnahmt. Das brachte Bares. Der Krieg um das spanische Erbe konnte weitergehen.

Der Herzog von Marlborough und Prinz Eugen: Äußerlich unterschiedlich wie Tag und Nacht, als »Waffenbrüder« aber ein unschlagbares Team. ...

Auseinandersetzungen in Süddeutschland

In England genoss Prinz Eugen nach seinen kühnen Aktionen in Italien immer noch höchstes Ansehen. Nicht zuletzt ihm war es zu verdanken, dass die große Allianz des Reiches mit den Seemächten zustande gekommen war. Nun galt es, auf einem neuen Schauplatz gemeinsam zu agieren: kaiserliche und englisch-holländische Truppen in Süddeutschland gegen Frankreich und Bayern.

John Churchill Duke of Marlborough rückte mit seiner Armee aus den spanischen Niederlanden an. Im schwäbischen Mundelsheim nahe Marbach traf er am 10. Juni 1704 auf Prinz Eugen und seine Truppen. So unterschiedlich die beiden Feldherren auch waren, sie empfanden auf Anhieb Sympathie füreinander: Marlborough, groß, blond, der Prototyp eines strahlenden Helden, elegant gekleidet, ein Lord wie aus dem Bilderbuch, witzig, spöt-

Gemeinsam gelang es den beiden ebenso genialen wie kühnen Feldherren, große Siege über die Franzosen und Bayern zu erringen.

tisch, arrogant – und Prinz Eugen, klein und schmächtig, die Kleidung nachlässig, der braune Rock meist voll Schnupftabak-Flecken, die Perücke billig und selten gepflegt, die Bartstoppeln im olivfarbenen Gesicht trotz häufiger Rasur sprießend, oft linkisch, aber mit geschliffenen Manieren, scharfem Verstand und der Gabe, auch in ärgsten Turbulenzen die Ruhe zu bewahren.

Winston Churchill, Marlboroughs Nachfahre, schilderte das Zusammentreffen der beiden Männer später so: »In Mundelsheim begann jene glorreiche Waffenbrüderschaft, die weder Sieg noch Unbill zerstören konnten, vor der Eifersucht und Missverständnisse ihre Macht verloren und für die es in der ganzen Kriegsgeschichte kein ähnliches Beispiel gibt.«[5]

Am 13. August griffen Marlborough und Prinz Eugen die Franzosen und Bayern bei Blindheim und Höchstädt an. Ihre Absicht war es, nicht eine Feldschlacht im herkömmlichen Sinn zu

Die Schlacht von Höchstädt war der erste große, gemeinsame Sieg von Marlborough und Prinz Eugen. Die Franzosen verloren ihre halbe Armee.

führen, sondern einen reinen Vernichtungskampf. Ihre Pläne gingen auf. Die Franzosen und Bayern hatten fast 30 000 Mann an Gefallenen, Verwundeten und Gefangenen, die Angreifer rund 12 000 Mann. Um ein Haar wäre auch Prinz Eugen darunter gewesen. Er hatte sich wie so oft zu weit vorgewagt, um die Kavallerie anzufeuern, als eine Musketenkugel sein Pferd traf. Das Pferd stürzte, schon holte ein bayrischer Reiter zum Schlag gegen den Prinzen aus, da gelang es einem kaiserlichen Dragoner in letzter Sekunde, ihn niederzustechen und den Prinzen zu retten.

In der Schlacht von Höchstädt hatten die Franzosen ihre halbe Armee verloren. Sie räumten Bayern, Kurfürst Max Emanuel ging ins Exil. Die Sieger marschierten in Bayern ein.

Machtwechsel am Hof und weitere Erfolge

1705 starb Kaiser Leopold I., an die Macht kam sein Sohn Joseph I. Jung, lebenslustig, entschlussfreudig, intelligent und fesch – ein gnädiges Schicksal hatte ihn von einer Habsburgerlippe verschont – brachte er frischen Wind in die Hofburg. Dass ihm seine häufigen Amouren oft die Nachtruhe raubten und er gelegentlich in der Geheimen Konferenz einnickte, nahm ihm niemand übel.

Joseph I. führte den Krieg weiter. Prinz Eugen wurde zum rastlosen Kämpfer, er war pausenlos in halb Europa unterwegs. Im Sommer 1706 marschierte er nach gefinkelten Täuschungsmanövern bei glühender Hitze durch die Po-Ebene. Ziel war das von den Franzosen belagerte Turin. Wieder gelang es Prinz Eugen, blitzschnell die Schwachstellen des Feindes zu erkennen, wieder griff er dort an, wo man es am wenigsten vermutete, und wieder ging seine Taktik auf. Mit der Eroberung von Turin ent-

Kaiser Joseph I., in vielem das genaue Gegenteil seines Vaters Leopold I.: dynamisch, entschlussfreudig, gut aussehend, ein Liebling der Frauen.

schied sich das Schicksal Oberitaliens. Der Weg nach Mailand war frei.

1707 erhielt Prinz Eugen zur Abwechslung ein friedliches Amt. Er wurde zum Generalgouverneur des Herzogtums Mailand ernannt. In einer feierlichen Zeremonie zog der von Herolden angekündigte Prinz auf einem prächtig aufgezäumten Pferd an der Spitze eines Zuges aus österreichischen Generälen und lombardischen Adeligen in die mit Blumen und Teppichen geschmückte Stadt ein und wurde als »Befreier vom Joch der Franzosen und Spanier« begrüßt.

So schwer die Franzosen bei Höchstädt auch geschlagen worden waren, niedergerungen waren sie noch lange nicht. Im Juli 1708 kam es zu einer neuerlichen großen Schlacht. Marlborough und Prinz Eugen errangen einen bedeutenden Sieg bei Oudenaarde und im September des folgenden Jahres einen bei Malplaquet – in der blutigsten Schlacht des Krieges, wenn nicht sogar des ganzen Jahrhunderts.

Die Schlacht von Malplaquet geriet im wahrsten Sinne des Wortes zum Schlachten: Tausende Soldaten wurden reihenweise niedergemetzelt.

Kaiser Joseph I. starb im April 1711 an den Pocken. Das veränderte die politische Lage mit einem Schlag. Der Kaiser hatte keine Kinder, sein Erbe fiel an den spanischen Karl III. Das aber führte zu höchstem Alarm bei den Alliierten: England und Holland waren überhaupt nicht daran interessiert, dass nun Spanien und Österreich unter Karl vereinigt und zu einem Großreich werden sollten, das alle anderen an den Rand drängen würde. Die Allianz drohte zu zerbrechen.

In heikler Mission nach England

In London hatte es inzwischen massive Veränderungen gegeben. Das von den Whigs gestellte Kabinett war 1711 gestürzt worden, die Tories waren an die Macht gekommen. Sie wollten den Krieg so bald wie möglich beenden und begannen im Sommer 1711 mit Frankreich zu verhandeln. Unterdessen war auch Marlborough in eine schwierige Lage geraten. Man hatte eine Untersuchung gegen ihn angestrengt, weil er angeblich Staatsgelder unerlaubt für seine eigenen Zwecke abgezweigt hatte.

Im Spätherbst 1711 reiste Prinz Eugen als Sonderbotschafter nach London, um das frühere Einverständnis mit der englischen Regierung wiederherzustellen. Das war eine heikle Mission, es galt zum einen, die Allianz zu retten, und zum anderen, Freund Marlborough beizustehen. Prinz Eugen musste sich diesmal nicht auf dem Schlachtfeld, sondern auf dem glatten Parkett der Diplomatie bewegen – und das fiel ihm um vieles schwerer. Es war seine Sache ebenso wenig, sich elegant zu kleiden, wie von Fest zu Fest zu eilen, mehr als gewohnt zu essen und zu trinken, sich in höfischen Artigkeiten zu üben oder gar zu tanzen. Die englischen Ladys waren von dem Helden enttäuscht, über den sie so viel gehört hatten, und nicht einmal Königin Anna ließ sich mit ihm in ein politisches Gespräch ein. Sie beschenkte ihn mit einem kostbaren, mit Diamanten besetzten Degen und verwies ihn ansonsten an ihre Minister. Prinz Eugen blieb zwei Monate auf der Insel, dann kehrte er zurück – unverrichteter Dinge.

Friedensschlüsse

Der Spanische Erbfolgekrieg ging dennoch zu Ende, der Grund lag weniger in einem überragenden Sieg als vielmehr in der Kriegsmüdigkeit aller Parteien. England und Frankreich schlossen 1713 in Utrecht Frieden. Frankreich und Habsburg ein Jahr später in Rastatt, in dem prächtigen Schloss, das einst der »Türkenlouis« erbaut hatte und in dem er 1707 gestorben war. Monatelang saßen sich Prinz Eugen und der Herzog von Villars gegenüber, zwei alte Bekannte, denn der Herzog war lange französischer Gesandter in Wien gewesen, dennoch aber zwei gefährliche Gegner, im Feld ebenso wie am Verhandlungstisch. Am 6. März 1714 endlich konnte der Friede unterzeichnet werden. Philipp V. blieb König von Spanien, Habsburg erhielt die spanischen Niederlande, Neapel, Mailand mit Mantua und Sardinien. Das Haus Habsburg konnte seine Vormachtstellung also behaupten – nicht zuletzt dank des Verhandlungsgeschicks von Prinz Eugen.

In Wien war dem verstorbenen Kaiser Joseph I. dessen Bruder Karl nachgefolgt. Dieser Kaiser, einst Karl III. von Spanien, nun Karl III. von Ungarn, Karl II. von Böhmen und Karl VI. des Reiches, war der dritte habsburgische Monarch, dem Prinz Eugen diente. Und das war ganz und gar nicht einfach. Der Kaiser hatte den Friedensmacher von Rastatt bei seiner Rückkehr nach Wien zwar als Friedensüberbringer herzlich umarmt und geküsst,

Für seine Siege und diplomatischen Erfolge wurde Prinz Eugen mit zahlreichen Gedenkmedaillen geehrt.

anders als sein energischer, oft ungezügelter Bruder Joseph war er aber ein vorsichtiger Zauderer, der sich ähnlich wie sein Vater Leopold I. nur schwer zu Entscheidungen durchringen konnte. Und gerade die folgenden Jahre verlangten rasche Entschlüsse.

Prinz Eugen war nach dem Friedensschluss von Rastatt ebenso kriegsmüde wie alle an dem langen und blutigen Krieg beteiligten Parteien. Er war mittlerweile 52 Jahre alt. Die Anstrengungen des Kriegshandwerks hatten ihn gezeichnet. Oft schien es, als sei seine Gestalt noch kleiner, noch zerbrechlicher geworden. Mehr denn je hoffte er, endlich in Frieden leben zu können, als Privatmann, der Zeit für seine vielen Interessen und Neigungen hatte und endlich seine Bauprojekte verwirklichen konnte. Sein Winterpalais in der Himmelpfortgasse war bereits fertig, und trotz der Turbulenzen des Spanischen Erbfolgekrieges war es ihm gelungen, die Bauarbeiten für Schloss Ráckeve in Ungarn und das kleine Jagdschloss Bilje im Mündungsgebiet der Drau in die Donau abzuschließen. Jetzt nahm er den Bau eines Gartenpalais am Rennweg in Angriff.

Der Türkenbezwinger

Wirklich lange aber konnte sich der Ästhet und Kunstsammler Prinz Eugen weder mit seinen Bauplänen noch mit seiner bereits zu diesem Zeitpunkt hervorragenden Bibliothek beschäftigen. Ein neuer Konflikt kündigte sich an, diesmal zur Abwechslung wieder einmal im Osten. Prinz Eugen sollte abermals gegen die Türken ins Feld ziehen und endgültig zum »Türkenbezwinger« werden.

Die Türken hatten die schwere Niederlage von Zenta nie verwunden, sie sannen auf Revanche. Den Habsburgern während des Spanischen Erbfolgekrieges in den Rücken zu fallen, wäre eine gute Chance gewesen – dazu aber reichten die Kräfte der angeschlagenen Türken nicht aus. Sie brauchten Jahre, um sich wieder zu sammeln. 1714 endlich fühlten sie sich gestärkt genug für neue Angriffe.

Im Dezember 1714 erklärten Sultan Achmed III. und sein Großwesir Damad Ali Venedig den Krieg. Das betraf auch das Kaiserreich, denn Venedig war Teil der Heiligen Liga, die 1699 den Frieden von Karlowitz geschlossen hatte. Im darauf folgenden Juni griffen die Türken Morea an, den damals im Besitz Venedigs stehenden Peloponnes. Für den Kaiser war zwar klar, dass er dem Bündnispartner beizustehen hatte, nach dem langen und kraftraubenden Spanischen Erbfolgekrieg aber waren seine Kassen wieder einmal vollkommen leer und die Armee befand sich in desolatem Zustand. Es galt also, Zeit zu gewinnen. Diplomatische Verhandlungen begannen.

Am 13. Mai 1715 empfing Prinz Eugen in seinem Stadtpalais in der Himmelpfortgasse, das inzwischen auch für Haupt- und Staatsaktionen genützt wurde, Gesandte aus der Türkei. Sultan Ahmed III., der es übrigens verstand, in Konstantinopel Feste zu veranstalten, wie sie die Welt nie zuvor gesehen hatte, der Zuckertorten von fünf Meter Durchmesser entwarf und über zwölfhundert Tulpensorten züchtete, hatte als Abgeordneten Ibrahim Ağa mit großem, farbenprächtigen Gefolge nach Wien geschickt. Prinz Eugen ließ ihn zuerst einmal zwei Wochen warten. Dann empfing er ihn im großen Saal seines Palais, ganz gegen seine Gewohnheit nicht in leicht schäbiger, lässiger Kleidung, sondern im Rahmen einer perfekten Inszenierung: Er saß in einem roten Rock auf einem roten Stuhl unter einem roten Baldachin – und tauschte mit seinem Gast Komplimente aus. Von irgendeiner Art der kriegerischen Auseinandersetzung war nicht einmal andeutungsweise die Rede.

Das war auch gut so, denn vor einem neuerlichen Waffengang galt es, umfassende Vorbereitungen zu treffen. Wieder einmal setzte der Hofkriegsratspräsident die oft und oft wiederholte und längst ausgeleierte Kriegsmaschinerie in Gang: Unter dem Motto »Zum Krieg führen sind drei Dinge nötig: Geld, Geld und nochmals Geld« mussten neue Geldquellen gefunden und die Armee auf Vordermann gebracht werden. Innerhalb kürzester Zeit machte er auch diesmal das Unmögliche möglich: Der Papst griff tief in seinen Säckel, und bald stand in Ungarn die Hauptarmee mit 80 000 Mann, dazu sollten 40 000 Mann in Siebenbürgen und an der Grenze zu Bosnien kommen. Auch die Türken arbeiteten auf Hochtouren. Sie sammelten 100 000 Mann bei Belgrad und marschierten mit dem gesamten Tross, mit Pferden und Kamelen, die Donau aufwärts – auf dem von ihnen schon regelrecht ausgetretenen Parcours Richtung Peterwardein.

Friedensbruch

Im April 1716 erneuerte der Kaiser sein Bündnis mit Venedig. Prinz Eugen versuchte schriftlich, den Sultan dazu zu bewegen, Morea, also den Peloponnes, zu räumen und den Frieden von Karlowitz einzuhalten. Das Schreiben blieb unbeantwortet. Stattdessen erhielt der Präsident des Hofkriegsrates von Sultan Ahmed III. ein Schreiben: »Es kann keinen Zweifel darüber geben, daß das Blut, das auf beiden Seiten fließen wird, wie ein Fluch

Sultan Ahmed III.: Seine Sehnsucht nach Schönheit und Fortschritt bescherte dem osmanischen Reich eine Periode verfeinerter Kultur, die »Tulpenzeit«.

über Euch und Eure Kindeskinder kommt, bis zum Jüngsten Gericht.«[6]

Das war eine Kriegserklärung. Der Sultan berief sich in einem weiteren Schreiben auf Allah, der Kaiser auf Gott. Der Feldzug wurde eröffnet, er trug die Merkmale eines Kreuzzugs. »Nach Belgrad!« lautete diesmal die Parole. Wie bei Zenta riet auch diesmal der Kaiser zu Besonnenheit und warnte vor überstürzten Aktionen. Er solle die Türken in einen langen, zermürbenden Abnützungskrieg verwickeln, legte er Prinz Eugen nahe. Und dieser setzte sich auch diesmal höchst großzügig über die kaiserliche Anweisung hinweg.

Im Feld, im Hauptquartier Futak angekommen, erlebte der Oberbefehlshaber Anfang Juni seine erste herbe Enttäuschung. Einige Regimenter waren noch gar nicht zur Stelle, viele der Geschütze fehlten, von der für den Nachschub zuständigen Donauflottille keine Spur. Der Gegner aber zeigte seine Zähne. Als ein zur Aufklärung entsandtes Kavalleriekorps in der Nähe von Karlowitz zu weit in Feindesgebiet vordrang, fielen 700 Reiter, einen Feldmarschall-Leutnant fesselten die Türken an eine Eiche und folterten ihn zu Tode.

Überraschungsangriff im Morgennebel

Prinz Eugens Truppen waren auch Anfang August zahlenmäßig noch weit unterlegen. Der gefinkelte Feldherr verstand es aber, die Gegebenheiten des Geländes für sich zu nutzen. Bei Peterwardein, der Hauptfeste der Österreicher, verwendete er ein altes, halb verfallenes Schanzensystem aus dem zweiten Türkenkrieg als Deckung für einen Flügel und die Donau für den anderen. Am 4. August 1716 erschien das türkische Heer unter Großwesir Damad Ali vor den befestigten Stellungen, umschloss sie halbkreisförmig und begann sich zu verschanzen. Prinz Eugen bewahrte Ruhe. Um dann, ganz der alte Fuchs, zu einem Überraschungsangriff anzusetzen.

Im Morgennebel des 5. August sammelte er seine Männer, um 7 Uhr wurde zum Angriff geblasen. Vom ersten Augenblick an war Prinz Eugen mitten im Geschehen. Die Türken bedrohten das Zentrum seines Heeres, da dirigierte er den Schwaben Karl Alexander von Württemberg von der linken auf die rechte Flanke um und brach selbst aus der Verschanzung hervor. Bei den Türken rief die Umgruppierung der Kräfte totale Verwirrung hervor. Sowohl die Janitscharen als auch die Reiter wichen zurück. Der Großwesir, der dies entsetzt von seinem Feldherrnhügel aus beobachtet hatte, schwang sich in den Sattel, um die Fliehenden zurückzuhalten – da traf ihn eine tödliche österreichische Kugel. Jetzt gab es für die Türken kein Halten mehr. Sie flohen Hals über Kopf, ließen ähnlich wie vor Wien alles zurück.

Die folgende Nacht verbrachte Prinz Eugen in dem riesigen, mehrräumigen Prunkzelt des Großwesirs. Hier fand sich Beute, die nach den Worten eines Zeitgenossen ausgereicht hätte, jeden einzelnen Soldaten für den Rest seines Lebens zu versorgen – wenn sie verteilt worden wäre.[7] Der siegreiche Feldherr schrieb an seinen Kaiser, die Türken seien um die Mittagszeit dieses Tages »totaliter« geschlagen worden.

Wie nach der Schlacht von Zenta war auch diesmal die Gelegenheit, die schwer angeschlagenen Türken gleich weiter zu verfolgen und ihnen weitere Schläge zu versetzen, verlockend. Gut möglich, dass man dies von Prinz Eugen in Wien auch erwartete und dass man hoffte, er würde gleich nach Belgrad weitermarschieren. Aber: Diesmal verzichtete Prinz Eugen auf »Kroatenritte«. Belgrad war schwer befestigt, für diesen harten Brocken waren ausgeruhte und gut ausgestattete Truppen notwendig. Nein! Dazu war jetzt nicht der richtige Zeitpunkt. Aber für Temesvar.

Die Rückeroberung Ungarns

Also marschierte Prinz Eugen Richtung Norden, in den Banat. Vom 1. September an belagerte er die starke Festung Temesvar, nach sechs Wochen endlich, am 14. Oktober, ergab sich der Festungskommandant Mustapha Pascha. Der Besiegte erwies sich als Herr, durchaus bereit, der Kriegskunst seines erbitterten Gegners Respekt und Anerkennung zu zollen: Bei der Übergabe der Festung schenkte er Prinz Eugen ein Rassepferd. Dieser gewährte im Gegenzug freien Abzug der Türken und der Ungarn, die mit ihnen gekämpft hatten: »Die Canaille kann hingehen, wohin sie will.«[8]

Mit der Eroberung von Temesvar war der Banat befreit und ganz Ungarn zurückerobert. Der Papst jubelte ebenso wie der Kaiser. Der Papst übersandte dem »berühmten Verteidiger der Christenheit« Ehrengaben – und dieser musste sie annehmen, ob er wollte oder nicht. Im Dom von Raab wurde dem in sechsspänniger Kutsche vorgefahrenen Prinzen von dem Kardinallegaten die versiegelte Geschenkurkunde auf »guldener Tatzen« übergeben. Dann schmückte man den Feldherrn mit dem weit ausladenden, hermelinbesetzten Hut mit einer aus echten Perlen aufgestickten Friedenstaube und umgürtete ihn mit dem eineinhalb Meter langen Ehrenschwert, das ihn beinahe überragte. Der Kaiser hingegen sandte ihm ein Porträt von sich selbst – damit er öfter an ihn denke und sich mehr schone. Die päpstlichen Geschenke kommentierte er launig und wohl wissend, wie sehr der Prinz pompöse Aufmachungen schätzte: »Au reste möchte ich wohl meinen lieben Prinzen mit dem schönen Kappl sehen und im geheimen ein wenig lachen, da ich Euer Liebden Humor in solchen Funktionen kenne.«[9]

Mit der Eroberung von Temesvar hatte Prinz Eugen den Rücken frei für den Marsch auf Belgrad – ihn plante er für das kommende Jahr, für den Sommer 1717. Wieder einmal liefen die Vorbereitungen für den Feldzug auf Hochtouren. Gegen alle Widrigkeiten gelang es Prinz Eugen auch diesmal, rund 100 000 Mann zu rekrutieren. Für den Nachschub wurden 50 Donauschiffe organisiert, zehn weitere sollten Geschütze transportieren, und um nötigenfalls bei Belgrad Brücken bauen zu können, wurden sogar Ingenieure mitgenommen.

Die Belagerung von Belgrad

Prinz Eugen brach am 15. Mai 1717 Richtung Belgrad auf. Er fuhr zuerst auf einem Donauschiff bis Budapest, kontrollierte dort noch die Versorgungsdepots und ritt dann weiter ins Hauptquartier von Futak, in dem bereits 42 fürstliche Persönlichkeiten aus halb Europa warteten – alle felsenfest von einem bevorstehenden großen Triumph überzeugt, und alle begierig darauf, Zeugen dieses epochalen Ereignisses werden zu dürfen.

Den Türken Belgrad abzujagen war allerdings alles andere als einfach. Die Festung lag am äußersten Ende einer von der Donau und der Save umflossenen, nahezu dreieckig vorspringenden Landzunge, den Rücken deckte ihr eine schwer zugängliche Hügelkette. Das machte die Festung praktisch uneinnehmbar. Dazu kam, dass sie von 30 000 erstklassig ausgerüsteten, kampfbereiten und motivierten türkischen Soldaten besetzt war. Und nicht genug damit: Ein türkisches Entsatzheer unter Großwesir Halil Pascha war im Anmarsch, mit 200 000 Mann dreimal so stark wie das Heer Prinz Eugens.

Am 15. Juni setzte Prinz Eugen mit seinem Hauptheer zunächst mit Booten, am nächsten Tag dann über eine Pontonbrücke vom linken auf das rechte Ufer der Donau über. Die Türken hatten ihn anderswo erwartet, sie waren fürs Erste völlig überrascht.

Als nächstes errichtete Prinz Eugen südöstlich der Festung ein auf zwei Seiten durch Wälle geschütztes Lager von der Donau

Eine hochspektakuläre Aktion anschaulich dargestellt als Modell: Prinz Eugen überquert die Donau mit seinen Truppen vor Belgrad.

bis zur Save, es durchschnitt das halbinselförmige Gelände wie ein Sperrriegel. Am Bau dieser gewaltigen Anlage mit 16 Kilometer langen Schanzen hatten die Soldaten von Mitte Juni bis Ende Juli geschuftet – in glühender Hitze und viele geplagt von der Ruhr. Als sie endlich fertig war, drohte sie zu einer tödlichen Falle zu werden.

Halil Pascha kam mit seinem riesigen Heer immer näher. Prinz Eugen entschied sich dazu, ihm nicht entgegen zu marschieren. Er wollte seine Truppen nicht teilen, sondern alle seine Kräfte im Lager behalten. Er schützte es nach innen, zur Festung hin, mit einer Contravallationslinie und nach außen, zum Entsatzheer hin, mit einer Circumvallationslinie. Ende Juli stand auch Halil Pascha mit seinen 200 000 Mann vor Belgrad. Er verschanzte sich im Rücken Prinz Eugens, und dieser sah sich nun selbst belagert. Auf dem dreieckigen Plateau zwischen Donau und Save reihten sich nun die Festung Belgrad mit türkischer Besatzung, das mit Mauern umgebene Lager Prinz Eugens und dahinter das von Schanzen geschützte türkische Heer.

Die Lage war fatal: Prinz Eugen war in höchster Gefahr, in der Klemme aufgerieben zu werden. Und damit rechneten die Türken auch. Sie waren sich ganz sicher, Prinz Eugen zwischen den Bastionen der Festung, den Flüssen Donau und Save und ihrer eigenen Stellung in der Falle zu haben, ihn von beiden Seiten beschießen und schließlich in einer Kesselschlacht vollkommen vernichten zu können.

Prinz Eugen, der Hasardeur

Die Türken aber hatten ihre Rechnung ohne Prinz Eugen gemacht. Als ein Spion meldete, dass die Türken für den 17. August einen Angriff von beiden Seiten her planten, entschloss er sich, ganz der alte Hasardeur, der bereit war, alles auf eine Karte zu setzen, zu einem Überraschungsangriff. Er rief seine Generäle zusammen und instruierte sie bis ins kleinste Detail. Die Offiziere hätten ihre Befehle »ohne Geschrei und Ungeduld« zu geben, durch eiserne Disziplin müsste die zahlenmäßige Überlegenheit des Feindes ausgeglichen werden. Und dann sagte er noch etwas: »Entweder werde ich mich Belgrads oder die Türken werden sich meiner bemächtigen.«[10]

Die Operation begann um Mitternacht des 16. August. »Bei der Uhr um Mitternacht ... Ganz still man ruckt aus der Schanz«, wie es im Lied heißt. Über dem Gelände lag dichter Nebel, als Prinz Eugen in aller Heimlichkeit und Stille 40000 Mann gegen die Truppen des Großwesirs losschickte. Gleichzeitig nahm die Artillerie die Festung unter Dauerbeschuss. Als der Nebel am Morgen gegen acht Uhr aufriss, musste Prinz Eugen entsetzt erkennen, dass seine beiden Flügel schon viel zu weit in das Feindeslager vorgedrungen waren und dass es Halil Pascha gelungen war, seine Männer in aller Eile zu alarmieren und sie bereits gefährlich auf sein Zentrum vorstießen. Prinz Eugen bewahrte kühlen Kopf. Er traf eine seiner rasanten Entscheidungen, griff selbst an, konnte die von den Türken gerissene Lücke zwischen seinen Truppen schließen und mit geballter Kraft vorpreschen. Die Türken, von dieser jähen Attacke überrumpelt, stoben in Panik auseinander.

Der zehnpfündige Mörser aus der Schlacht um Belgrad ist mit einem Bild Prinz Eugens geschmückt. Im Hintergrund die Kapitulation der türkischen Garnison.

Am frühen Vormittag des 17. August war die Schlacht geschlagen. Belgrad war erobert, die Festung ergab sich zwei Tage später unter Bedingung des freien Abzugs. Prinz Eugen wurde dadurch der berühmteste und am meisten gefeierte und umjubelte Feldherr Europas. Das Lied vom »Edlen Ritter«, geschrieben wahrscheinlich von einem bayrischen Soldaten, erklang zum ersten Mal – es ist bis heute nicht vergessen.

Am 10. September erreichte Prinz Eugen in seinem Feldlager in Semlin ein türkisches Schreiben. Der Sultan bekundete »dem höchsten Minister des Kaisers der Römer, dem großmächtigsten, ehrwürdigsten und liebwertesten Prinzen von Savoyen« seine Bereitschaft, Frieden zu schließen.[11]

Friedensschluss zu Passarowitz

Bis der Friedenskongress in Passarowitz am 5. Juni 1718 eröffnet werden konnte, galt es noch viele Vorbereitungen zu treffen. So mussten wieder einmal erhebliche Geldmittel flüssig gemacht werden. Prinz Eugen forderte 150 000 Gulden allein »zur Gewinnung einiger Türken und dadurch zu erlangender füglichen Entdeckung ihres verborgenen Vorhabens« – also als Schmiergeld. Die Ausgaben machten sich bezahlt. Als der Friede von Passarowitz nach 70 Verhandlungstagen und insgesamt zwölf Konferenzen am 21. Juli 1718 unterzeichnet wurde, war dies ein großer Erfolg. Österreich erhielt den Banat und große Teile Serbiens und Bosniens, es hatte nun die größte territoriale Ausdehnung aller Zeiten – dank Prinz Eugen.

Dieser Friedensvertrag bedeutete auch für Österreichs berühmtesten Feldherren das Ende seiner großen Kriege. 1734 zog er im Polnischen Erbfolgekrieg zwar ein letztes Mal als Oberbefehlshaber ins Feld an den Rhein – Sieg aber konnte er seinem Kaiser keinen mehr melden. Lorbeerkränze allerdings verdiente er sich weiterhin: als Bauherr, Kunstmäzen, Philosoph, Sammler und Botaniker.

[5]

Von Geldsorgen und unermesslichem Reichtum

»Auch die, so keine Zettel und Handschrift
von ihm hatten, hat er bezahlt,
die nicht mehr daran dachten.«

LISELOTTE VON DER PFALZ
ÜBER PRINZ EUGEN

Arm wie eine Kirchenmaus, so war Prinz Eugen 1683 nach Österreich gekommen. Zum Zeitpunkt seiner ersten Audienz bei Kaiser Leopold I. besaß er lediglich die Kleider, die er am Leib trug – und sein Schwert. Als er 1736 starb, hinterließ er ein Vermögen im Wert von rund zweieinhalb Millionen Gulden, das entspricht bei grober Umrechnung rund hundert Millionen Dollar unserer Zeit. Von Null auf hundert also in nur einem halben Jahrhundert: Prinz Eugen hat auch in dieser Hinsicht das Unmögliche möglich gemacht.

Ständige Geldnöte

Die ersten Jahre nach seiner Ankunft in Österreich waren für Prinz Eugen die schlimmsten. Er litt permanent unter Geldnot. Kaiser Leopold I. machte ihn zwar außergewöhnlich schnell zum Obersten eines Regiments, das brachte regelmäßige Einkünfte, diese reichten aber nur knapp für das Allernötigste. Und um sein Regiment überhaupt notdürftig ausstatten zu können, musste er sich Geld leihen. Keine Rede davon, seine in Frankreich hinterlassenen Schulden zu bezahlen oder gar, einen eigenen Hausstand zu gründen.

Und nicht nur das: Ende der 1680er Jahre wurde in den Wintermonaten gefeiert, was das Zeug hielt. Fasching in Bayern, Karneval in Venedig, der Barock- und Genussmensch Kurfürst Max Emanuel inszenierte ein üppiges, rauschendes Fest nach dem anderen, und er lud Prinz Eugen dazu ein. Diese strapaziösen gesellschaftlichen Verpflichtungen waren seine Sache nicht, was ihn aber zusätzlich belastete, war, dass er äußerst knapp bei Kasse war. Er hatte nicht einmal genug Geld, um standesgemäße Trinkgelder geben zu können.

Immer wieder musste Prinz Eugen seinen Vetter Victor Amadeus, den erst 20-jährigen Herzog von Savoyen, um finanzielle Unterstützung bitten. Dieser half zwar aus, er war aber sparsam, und bis das Geld endlich in Wien eintraf, vergingen oft bittere Wochen und Monate. Und wenn es dann endlich da war, verdampfte es augenblicklich: ein Tropfen auf dem heißen Stein.

Max Emanuel von Bayern lud Prinz Eugen immer wieder zu seinen ausufernden, üppigen Festen ein – da gab es kein Entkommen.

Zur Jahreswende 1688/89 endlich zeigte sich ein Lichtstreif am düsteren Horizont: Victor Amadeus übertrug Prinz Eugen die beiden Abteien San Michele della Chiusa und Santa Maria di Casanova. Ihre landwirtschaftlichen Betriebe fuhren hohe Erträge ein, das bedeutete eine solide finanzielle Basis, ein regelmäßiges Einkommen. Bis es so weit war, hieß es aber Nerven bewahren.

Im März 1689 bedankte sich Prinz Eugen noch überschwänglich bei seinem Vetter für die Übertragung der Abteien. Dann aber zögerte Papst Innozenz XI., seine Zustimmung zu geben. Er konnte sich mit dem Gedanken nur schwer anfreunden, dass ausgerechnet dieser junge Mann so hohe Einkünfte erhalten sollte. Dass er die wichtigste Bedingung erfüllte, nämlich das Zölibat, beeindruckte ihn nicht. Die Gelder aus den Abteien wollten nicht und nicht zu fließen beginnen.

Nach zermürbenden Monaten des Wartens und des Intervenierens – sogar Kaiser Leopold hatte sich für Prinz Eugen beim Papst eingesetzt – begannen die Einnahmen aus den Abteien schließlich doch zu sprudeln. Prinz Eugen, der nur die niedrigen Weihen erhalten hatte und daher das Amt des Abtes nicht selbst ausüben konnte, musste zwar einen Generalvikar bestimmen und ihm auch ein Gehalt bezahlen, sein Einkommen war aber dennoch beträchtlich, es lag bei rund 150 000 Gulden pro Jahr. Und es war auch für die Zukunft gesichert – die Kleinigkeit vorausgesetzt allerdings, dass er unverheiratet blieb.

Auf Grund seiner Tüchtigkeit stieg Prinz Eugen im kaiserlichen Heer rasch auf. 1685 beförderte der Kaiser den erst 22-Jährigen zum Generalfeldwachtmeister im Rang eines Generals, 1687 zum Feldmarschallleutnant und 1693 zum Feldmarschall. Mit den Karrieresprüngen stiegen auch seine Einnahmen. Jetzt konnte er bereits gut leben, er war nicht mehr auf die ständige Hilfe von Gönnern angewiesen und musste nicht mehr in Turin um Geld bitten. Er machte sich daran, in Wien einen ständigen Wohnsitz zu begründen, kaufte ein kleines Haus in der Himmelpfortgasse und einige billige Grundstücke im Südosten der Stadt. Und seine Schulden in Paris bezahlte er auch. Das rechnete ihm Liselotte von der Pfalz hoch an: »Hier hatte er viel Schulden gelassen, sobald er in kaiserliche Dienste geraten und Geld bekommen, hat er alles bezahlt bis auf den letzten Heller. Auch die, so keine Zettel und Handschrift von ihm hatten, hat er bezahlt, die nicht mehr daran dachten.«[1]

Landbesitz und prächtige Bauten

Nach so vielen Jahren der »bedrängten Lage« empfand Prinz Eugen seinen neuen Wohlstand als höchst angenehm. Jetzt unternahm er alles, um ihn auszubauen. Eine Möglichkeit, zu zusätzlichen fixen Einkünften zu kommen, hätten hohe Verwaltungsämter in Ungarn geboten. Diese Pläne ließen sich nicht realisieren. Aber das machte nichts, denn bald sollte die Schlacht von Zenta ohnehin die ganz große Wende bringen. Sie war der Anfang von Prinz Eugens enormem Reichtum.

Der glorreiche Sieg von Zenta bescherte dem Hause Habsburg die Herrschaft in ganz Ungarn. Die Befreiung von den Türken und damit die Vergrößerung seines Reiches ließ sich der Kaiser etwas kosten. Er erlaubte Prinz Eugen, einen stattlichen Anteil der gemachten Beute für sich zu behalten und sagte ihm in den neu eroberten Ländern Güter im Wert von 80 000 Gulden zu. Er durfte selbst wählen und entschied sich für die Baranya, einen Landstrich im Mündungsgebiet der Drau in die Do-

Das Jagdschlösschen Bilje in der Baranya. Als Prinz Eugen den Landstrich übernahm, glich er einer Wüste, das änderte sich aber rasch.

nau, das 13 Dörfer umfasste, an der Spitze Baranyava und Bellye mit einem kleinen Schlösschen, und dazu im Norden Teile des legendären Schlachtfeldes von Mohács.

Der frischgebackene Gutsbesitzer wollte rasch damit beginnen, das durch die ungarische Rebellion schwer in Mitleidenschaft gezogene Land wieder aufzubauen. Er schickte seinen Verwalter Georg Gottfried Koch zu einer Inspektion in die Baranya, die zu diesem Zeitpunkt in so elendem Zustand war, dass sie von den kaiserlichen Beamten als Wüste ersten und zweiten Grades klassifiziert worden war. Koch überprüfte alles ganz genau, stellte exakte Rechnungen an und meldete seinem Herren, der Landstrich sei höchstens 62 000 Gulden wert und werfe lediglich einen Jahresertrag von 4500 Gulden ab. Prinz Eugen war nicht der Mann, der das hingenommen hätte. Er forderte die Differenz prompt beim Kaiser ein – und dieser übertrug ihm 1702 noch weiteren Grundbesitz. Um sein Land noch zu vergrößern, pachtete Prinz Eugen auch das Gut Vörösmart mit fünf Dörfern dazu. Dann wurde gearbeitet. Innerhalb weniger Jahre verwandelte sich die »Wüste« in ein blühendes, fruchtbares Landwirtschaftsgebiet.

Eigenes Land zu besitzen muss Prinz Eugen große Freude bereitet haben. In demselben Jahr, in dem er 1698 zum Gutsbesitzer im Süden Ungarns geworden war, kaufte er Land weiter nördlich Donau aufwärts. Er erwarb von der Witwe des 1696 im Kampf gegen die Türken gefallenen Grafen Heissler – ihm hatte Kaiser Leopold 1683 übrigens das Regiment von Prinz Eugens gefallenem Bruder Ludwig Julius übertragen – die Donauinsel Czepel südlich von Ofen und Pest und ein dazugehörendes gebirgiges Stück Land am rechten Donauufer, das Promontor genannt wurde. Der Kaufpreis betrug 85 000 Gulden. Prinz Eugen bezahlte nicht die gesamte Summe bar, er leistete lediglich eine Anzahlung von 15 000 Gulden und traf für den Rest spezielle Zahlungsvereinbarungen. Ganz der schlaue Fuchs, gelang es ihm, diese so geschickt einzufädeln, dass einen Teil erst wieder die Hofkammer bezahlen musste.

Dass spätestens zu diesem Zeitpunkt aus dem armen Flüchtling ein Mann mit Vermögen geworden war, steht fest. Das beweist auch, dass er sogleich mit den Bauarbeiten für sein prächtiges Palais in Wien und für Schloss Ráckeve auf der Donauinsel begann. Zu sparen brauchte er dabei nicht im Geringsten. 1701 betraute ihn der Kaiser mit dem Oberbefehl in Italien, das ließ seine Kasse wieder ordentlich klingeln, und auch das Amt des Hofkriegspräsidenten, das er ab 1703 bekleidete, brachte ein hohes Gehalt.

Einnahmequellen

Für gewonnene Schlachten erhielt Prinz Eugen so etwas wie »Provisionen« oder »Erfolgsprämien«, die bar ausbezahlt wurden wie nach der Schlacht von Höchstädt. Der Kaiser revanchierte sich für militärische Erfolge aber auch mit hohen, einträglichen Ämtern. Nach dem bravourösen Entsatz von Turin 1706 wurde Prinz Eugen zum Generalgouverneur von Mailand ernannt, ein Amt, das immerhin 150 000 Gulden jährlich eintrug, und das sogar lange über den Krieg hinaus. Viel Freude hatten die Mailänder mit ihrem neuen Statthalter allerdings nicht. Er selbst ließ sich nie blicken, und sein Stellvertreter kam bald in massiven Konflikt mit dem Senat.

Auch die Siege von Oudenaarde und Malplaquet haben sich finanziell gelohnt. Da die kaiserliche Kriegskasse notorisch leer war, dauerte es manchmal aber lang, bis Prinz Eugen zu seinem Geld kam. Um ihm die neuerliche Abreise an den niederländischen Kriegsschauplatz zu vergolden, sagte Kaiser Joseph seinem erfolgreichsten Feldherren 1710 als »Geschenk« Güter im Wert von 300 000 Gulden zu, beschlagnahmter Besitz ungarischer Rebellenführer. Dann aber fanden sich keine geeigneten Güter und man schlug dem mittlerweile auch zum Finanzgenie gewordenen Prinzen eine andere Lösung vor: ein Merkantil-Obligo. Der Bankier und Hofjude Wertheimer wurde angewiesen, ihm das gesamte Kapital innerhalb von fünf Jahren in gleichen Raten und die Zinsen vierteljährlich auszuzahlen.

Barocke Baukunst in Vollendung: Lukas von Hildebrandt schuf mit dem oberen Gartenpalais eines der schönsten Bauwerke Europas.

Die Zahlungen gerieten ins Stocken, nach zwei Jahren waren erst 20 000 Gulden überwiesen. 1713 nahm sich der inzwischen zum Kaiser gewordene Karl VI. der Sache an. Er verfügte per Dekret, dass vorerst nur die Zinsen ausbezahlt werden sollten, erhöhte die Summe des Kapitals aber auf 400 000 Gulden. Der Friede von Rastatt brachte auch dem Haus Habsburg finanzielle Entspannung. Von nun an konnte Wertheimer mit den Überweisungen beginnen. Bis 1717 waren schließlich die gesamten 400 000 Gulden an Prinz Eugen ausbezahlt – und dieser ging daran, im unteren Teil seines »Gartens« ein Sommerpalais mit Orangerie und Vogelhaus zu bauen, und später dann im oberen Teil ein prachtvolles Schloss für Repräsentationszwecke, das Untere und das Obere Belvedere, wie die beiden Palais seit der Zeit Maria Theresias genannt werden.

Spanische Kabale

Um das Jahr 1711, dem Regierungsantritt Karls VI., veränderten sich die Machtstrukturen am Wiener Hof. Im Schlepptau des neuen Kaisers war ein Schwarm spanischer Adeliger nach Wien gekommen. Sie beanspruchten bald hohe Ämter und Positionen, formierten sich zum so genannten »Spanischen Rat« und bildeten so etwas wie eine Nebenregierung. Konflikte und Spannungen waren vorprogrammiert. Besonders, als eine Gruppe um Graf Althan Prinz Eugen als allzu mächtigen Gegenspieler im nahen Umfeld des Kaisers erkannte, ihm Erfolg, Reichtum und Einfluss neidete und Intrigen gegen ihn inszenierte. Die »Spanische Kabale« sollte seine Stellung beim Kaiser unterminieren.

Als es dem »Spanischen Rat« gelang, die Angelegenheiten der italienischen Provinzen an sich zu reißen, musste Prinz Eugen 1716 auf die Mailänder Statthalterschaft verzichten. Schwer gefallen dürfte ihm das nicht sein, denn er wurde zur Entschädigung mit dem neuen Amt des Generalgouverneurs der Niederlande betraut, und das versprach noch höhere Einnahmen. Um ihre tatsächliche Höhe herauszufinden, ließ der Prinz genaue Untersuchungen anstellen, wie viel seine Vorgänger an »Brot« und »Holz«, also an Unterhalt, bekommen hatten und wie viel sie durch die Vergabe von Ämtern lukrieren konnten. Auf Grund dieser Informationen muss er gut taktiert haben: Aus den Niederlanden strömten jedes Jahr etwa zwei Drittel seines auf rund 300 000 Gulden geschätzten Jahreseinkommens in seine Kassen.

Probleme in den Niederlanden

Glück haben die Niederlande Prinz Eugen trotzdem nicht gebracht. So, wie er zuvor Mailand nie besucht hatte, erschien er auch in den Niederlanden nie persönlich. Er ernannte den savoyischen Adeligen Marchese di Prié zu seinem Stellvertreter, und das war ein Fehler. Die Belgier hatten die lange Fremdherrschaft und die hohen Steuerlasten satt, Widerstand regte sich. Prié war dieser Situation nicht gewachsen. Und Prinz Eugen hatte ganz im Sinne des Absolutismus für das Aufbegehren des Volkes kein Verständnis. »Hart durchgreifen!« lautete die Devise. Als ein Bürgeraufstand ausbrach, ließ Prié einen 70-jährigen Anführer öffentlich köpfen – mit Billigung Prinz Eugens.

Um sein Land gekümmert hat sich Prinz Eugen dennoch. Er stellte Überlegungen an, wie er es strategisch besser absichern könnte, führte unermüdlich Korrespondenzen, trug die Probleme in der »Geheimen Konferenz« vor und gab Anweisungen zur Verwaltung und zur wirtschaftlichen Entwicklung. Um aus der Küstenlage Belgiens Gewinn schlagen zu können, wurde die »Ostendische Kompagnie« gegründet, eine Seehandelsgesellschaft. All das erfolgte aber nur von Wien und nur vom Schreibtisch aus. Aus Brüssel kamen Hilferufe wie 1722: »Das ist hier ein Chaos, wo es weder Verständigung noch Respekt gibt und allein Ihre Gegenwart der Unzufriedenheit steuern kann!«[2] Prinz Eugen konnte sich dennoch nicht zu einer Reise nach Belgien entschließen. Zuerst hinderten ihn die Türkenkriege daran, dann hatte er gegen heftigste Intrigen zu kämpfen und schließlich fesselte ihn eine längere Krankheit an Wien.

Kampf gegen einen Freund

Die Lage eskalierte vollends durch den Skandal um Alexandre de Bonneval. Dieser Franzose, über lange Jahre ein enger Freund und tapferer Kampfgefährte Prinz Eugens in zahlreichen Schlachten, hatte sich von diesem in Wien Unterstützung bei der Erlangung eines lukrativen Amtes erhofft. Als daraus nichts wurde, ging er nach Brüssel und versuchte, das Festungskommando von Charleroi zu erlangen. Prié aber lehnte ab, er wollte einem Franzosen nicht eine Festung gegen Frankreich anvertrauen. Bonneval brach daraufhin einen Streit vom Zaun, aus einer Mücke wurde ein Elefant und schließlich eine Staatsaffäre. Eine Reihe belgischer Adeliger stellte sich hinter Bonneval, Prié erklärte ihn zum Staatsfeind und ließ ihn inhaftieren.

Prinz Eugen zeigte sich unerbittlich gegen den einstigen Freund. Jetzt zeigten sich die dunklen Seiten seines Charakters,

Vom engsten Freund zum erbitterten Feind: Alexandre de Bonneval lief zu den Türken über, als »Ahmet Pascha« hoffte er, Prinz Eugen schlagen zu können.

Rachegelüste, Vergeltungsdrang, Härte und Kälte. Er setzte alle Hebel in Bewegung, um Bonneval zu vernichten. Auf seinen Rat hin ließ ihn der Kaiser auf den Spielberg bei Brünn bringen, in das gefürchtetste Gefängnis des Kaiserreiches. Dort sollte er zum Tod durch das Schwert verurteilt werden.

Bonneval musste Monate um sein Leben bangen, dann entschloss sich der Kaiser zu einem Kompromiss. Er hob das Todesurteil zwar auf, verdonnerte ihn aber zu einem Jahr schweren Kerker, um Prinz Eugen, den ihm so wichtigen Berater und Staatsmann, der gerade wieder an einem schlimmen Katarrh laborierte, nicht zu verärgern. Das Schreiben, in dem er ihm vom Urteil gegen Bonneval berichtete, schloss Kaiser Karl mit den Worten: »Anbei ist noch meine größte Sorge, wie Euer Liebden Gesundheit steht, will hoffen, daß es besser, zugleich aber nicht unterlassen, nochmal ihm einzubinden, auf diese mir so liebe Gesundheit gute Sorge zu tragen.« Tatsächlich ging es Prinz Eugen nach Verkündigung des Urteils gleich besser. Jetzt hatte er, was er wollte, sah blendend aus und erfreute sich »guten Humors«.[3]

Bonneval hingegen erging es nicht so gut. Er musste ein Jahr im Kerker am Spielberg schmachten. Diese Zeit nützte er, um Rachepläne zu schmieden: Kaum aus der Haft entlassen, ging Bonneval nach Konstantinopel. Er trat zum Islam über und reformierte als »Achmet Pascha« die türkische Armee. Sein erklärtes Ziel war es, an der Spitze türkischer Regimenter gegen den Kaiser zu ziehen und Rache an Prinz Eugen zu üben, dazu suchte er sogar in Paris Verbündete. In Wien beobachtete man die Entwicklung kopfschüttelnd. Wie war es möglich, dass ein allen Sinnesfreuden ergebener Barockmensch wie Bonneval sich zum Verzicht auf Wein entschließen, dass er körperliche und geistige Beschwerden wie die Beschneidung und das Erlernen der türkischen Sprache auf sich genommen haben konnte?

Prinz Eugen ließ nichts unversucht, um den nun in Konstantinopel agierenden einstigen Freund unschädlich zu machen. Er mobilisierte Agenten am Bosporus und lancierte Intrigen gegen ihn, die zu seiner Ausweisung führen sollten. Dann fädelte er mit kaiserlicher Bewilligung sogar ein Gift-Attentat ein – es schlug fehl. Bonneval überlebte. Und mehr: Er konnte seinen Rachefeldzug später tatsächlich verwirklichen. Er war Ratgeber der türkischen Armee, als diese Belgrad zurückeroberte. Das allerdings musste Prinz Eugen nicht mehr miterleben.

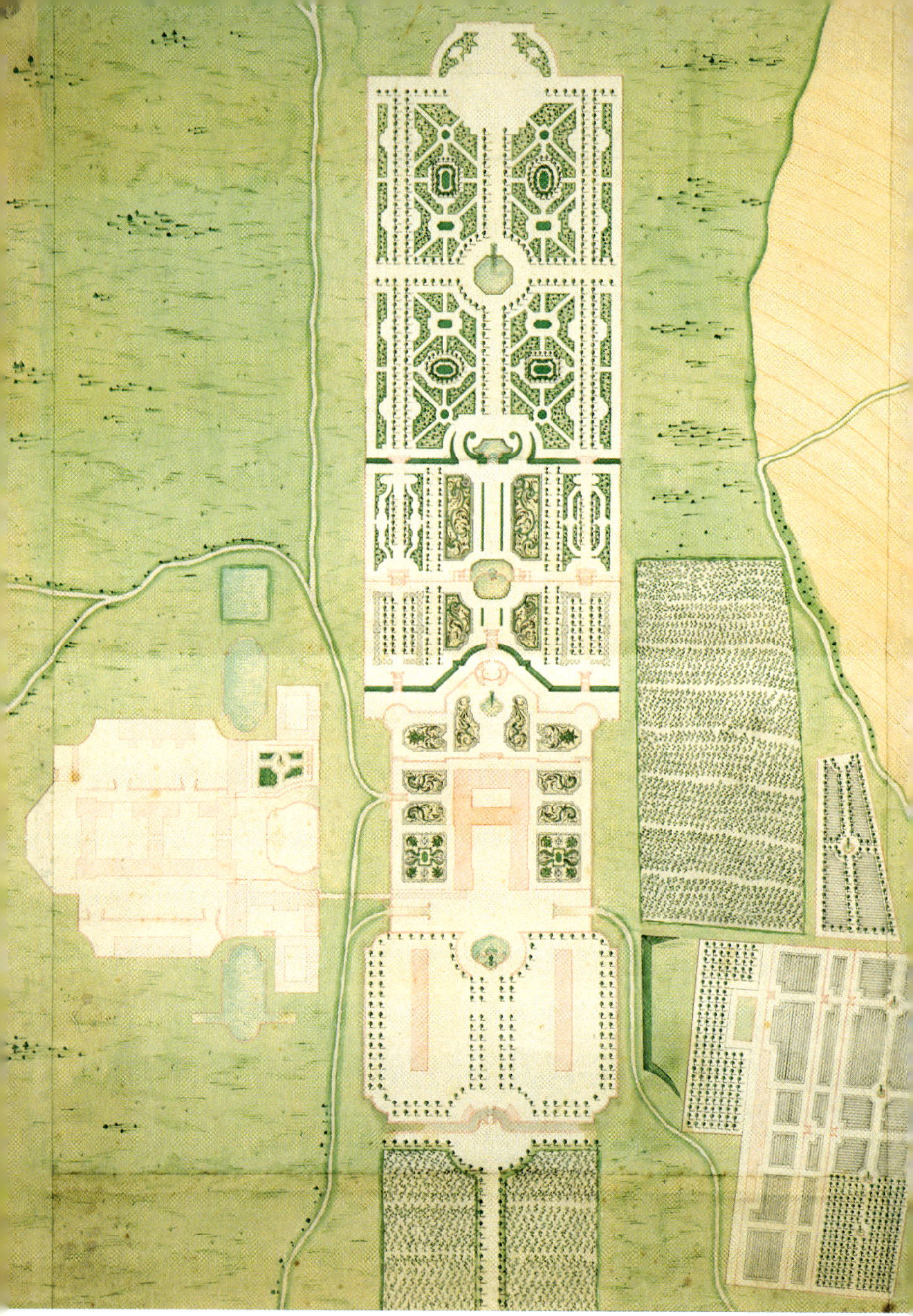

Dieser Plan der Gartenanlage von Schloss Hof tauchte 2006 zufällig in Tirol auf. Er dient als Hilfe bei der detailgetreuen Rekonstruktion der Gartenterrassen.

Gutsbesitz im Marchfeld

Im Zuge der Bonneval-Affäre war die Situation in Belgien sowohl für Prié als auch für Prinz Eugen unhaltbar geworden. 1724, noch vor der Entscheidung des Kriegsgerichtes im Fall Bonneval, legte Prinz Eugen die niederländische Statthalterschaft zurück. Um ihm die Demission zu versüßen, ließ sich Karl VI. allerdings einiges einfallen: Er betraute ihn mit dem Amt des Generalvikars der österreichischen Lande in Italien, das immerhin 140 000 Gulden pro Jahr einbrachte. Und ein Trostpflaster hatte er auch parat: Eine Güterschenkung, diesmal aber nicht in Ungarn, sondern in Österreich. Der Kaiser erwarb vom Erzbischof von Wien für 200 000 Gulden die zwischen March und Donau gelegene Herrschaft Siebenbrunn, dazu kamen die kaiserlichen Dörfer Lassee und Oberweiden. In der Schenkungsurkunde vom Januar 1725 begründete der Kaiser die Schenkung: »zu einer beliebigen Exkursion und Landesdistraktion, da Uns und dem allgemeinen Wesen an Seiner Liebden langer Konservation besonders gelegen ist.«[4]

Jetzt hatte Prinz Eugen endlich, wonach er sich lang gesehnt hatte: eigenen Landbesitz unweit von Wien. Hier konnte er seiner Jagdlust frönen, hier wollte er ein prachtvolles Jagd- und Landhaus errichten.

Die genauere Überprüfung des neuen Besitzes aber war ernüchternd: Er bot weder optimales Jagdrevier noch Platz für ein repräsentatives Landschloss. Prinz Eugen biss in den sauren Apfel. Noch im selben Jahr 1725 kaufte er von Graf St. Julien die weiter östlich an der March gelegene Herrschaft Hof. Die »merkliche Überzahlung« rechnete sich, denn nun verfügte der passionierte Jäger über ein großes, zusammenhängendes Jagdrevier. Er erweiterte seinen Besitz noch um die Herrschaft Engelhartstetten mit Schloss und Dorf Niederweiden und der Wildbahn in der Hainburger Au, kaufte vom niederösterreichischen Vizedomamt das Dorf Kollnbrunn und tauschte es gegen das zum Besitz des kaiserlichen Hofspitals gehörende Dorf Groisenbrunn.

Innerhalb weniger Monate war Prinz Eugen zu einem der reichsten Grundherren im Marcheld geworden. Und auch hier begann er sogleich zu bauen. Schloss Hof wurde zu dem repräsentativen Jagd- und Landschloss, von dem er lange geträumt hatte: wie seine Palais in Wien ein großer, glänzender Spiegel seines Erfolges und seines Reichtums.

Seine Soldaten allerdings hat Prinz Eugen auch nach seinem Aufstieg nie vergessen. Er unterstützte die Familien gefallener Offiziere finanziell ebenso wie einzelne Soldaten. Und zwar großzügig.

[6]

Der ewige Junggeselle

»Lieber zwei Abteien

als eine Ehefrau!«

PRINZ EUGENS CREDO

Der Feldherrenhügel war während großer Schlachten der Ort, an dem sich Prinz Eugen am seltensten aufhielt. Sein Platz war mitten im Getümmel, dort bewegte er sich sicher, rasch und entschlossen, seine Augen funkelten vor Leidenschaft und Kampfgeist. Er war ein exzellenter Reiter, benützte immer ein auffallendes Pferd, damit ihn seine Soldaten gut erkennen konnten, und wenn ihm das Pferd unter dem Leib weggeschossen wurde, glitt er in Sekundenschnelle aus dem Sattel und schwang sich auf das nächste. Mit seinem lässig geknoteten Halstuch, dem glänzenden Kürass über dem braunen Feldrock, der breiten Schärpe und den hohen Stiefeln gab er eine beeindruckende Erscheinung ab.

Glänzender Feldherr und ungehobelter Privatmann

Gerade dann, wenn er vollkommen in seinem Element war, wenn er auf Leben und Tod kämpfte, seine Leute anfeuerte, sie zu Gewaltritten zwang, ihnen wie sich selbst das Äußerste abforderte, haben ihn Frauen wohl kaum gesehen. Das war vielleicht sein Pech. Denn privat erschien der junge Prinz viel weniger attraktiv. In einer Zeit, in der auf Toilette größter Wert gelegt wurde und in der auch Männern kein Aufwand zu groß war, um sich mit extravaganter Hofkleidung und großer Perücke in Szene zu setzen, stieg er morgens ohne jede Hilfe von Dienern in seine irgendwo achtlos hingeworfenen, bescheidenen Kleider – und so sah er auch aus.

In seinen jungen Jahren war Prinz Eugen in Gegenwart von Damen oft gehemmt, seine im Feld so bestimmende und mitreißende Stimme war dünn und schwach, er gab sich zurückhaltend, ja wortkarg. Zudem war er unentwegt damit beschäftigt, Schnupftabak in die viel zu hoch aufgestülpten Nasenlöcher aufzuziehen. Dass er kräftige, dunkle Sorten bevorzugte, war in vieler Hinsicht »starker Tobak«, denn entsprechend heftig fielen auch die Niesanfälle aus, die auf seiner Kleidung deutliche Spuren hinterließen. In seinem Gesicht mit dem olivgrünen Teint spiegelte sich weder Freude noch Kummer, er wirkte oft kalt, ja

Im Feld wusste Prinz Eugen zu beeindrucken, er kämpfte voll Leidenschaft und benützte immer auffallende Pferde. Als Privatmann wirkte er weniger imposant.

geradezu finster. Humor hatte er nicht, Witz hingegen schon, der konnte allerdings recht beißend ausfallen. Alles in allem also: kein Mann zum Verlieben.

Tatsächlich war Prinz Eugen sein Leben lang Junggeselle. Und das war ungewöhnlich. Angehörige des Hochadels waren zu jener Zeit nur unverheiratet, wenn sie hohe geistliche Ämter bekleideten. Für alle anderen stellte die Heirat eine Möglichkeit dar, Ansehen und Vermögen zu vermehren, Netzwerke zu errichten, Chancen wahrzunehmen. So stürzten sich zur »angemessenen Zeit« Ehevermittler an sämtlichen Fürstenhöfen Europas in geradezu fieberhafte Aktivitäten, um Heiratskandidaten aus angesehenen Familien mit Damen »von Geblüt« zu vermählen – sofern diese ausreichende Barmittel mitbrachten.

Prinz Eugens Mutter Olympia, die Gräfin von Soissons, bildete in dieser Beziehung keine Ausnahme. 1686 plante sie, von Brüssel nach Spanien zu ziehen. Die Vorfreude auf ihre Ankunft muss groß gewesen sein. »Das dissimulierteste Weib, so Gott erschaffen«[1] sei im Anmarsch, schrieb der kaiserliche Botschafter nach Wien. Olympia wurde ihrem Ruf auch bald gerecht. Selbstbewusst und herrschsüchtig wie eh und je versuchte sie, am Madrider Hof Fuß zu fassen und beschäftigte sich mit dem, was sie am besten konnte: mit ausschweifenden Vergnügungen und Intrigen. Sie hielt in ihrem Salon von 5 Uhr abends bis 3 Uhr früh offene Tafel, und diese wurde bald zu einem beliebten Treffpunkt. Allerdings nicht der »besseren Gesellschaft«, sondern von allerlei dunklem Gelichter. »Großer Gott, was für ein Leben für eine Dame, die einmal in Frankreich so eine große Rolle gespielt hat!«[2], meldete der französische Gesandte entsetzt nach Paris.

So wenig sich Olympia um ihre Kinder gekümmert hatte, als sie klein waren, so sehr setzte sie sich für sie ein, als es galt, für sie Fäden zu ziehen. Und sei es durch eine Heirat. Bald nahm sie für ihren Sohn Eugen eine auf Grund ihrer Einkünfte von 50 000 Talern jährlich durchaus attraktive Braut ins Visier, eine Angehörige der spanischen Granden.

Heirat oder Kirchenstand?

Prinz Eugen waren zwei Abteien in Piemont übertragen worden. Dass in Wien nicht einmal Vorschüsse auf die Erträge eintrafen, stürzte den frisch gebackenen Laienabt um die Jahreswende 1688/89 in eine verzweifelte Lage. So verzweifelt, dass er sogar die von seiner Mutter ausgeheckten Heiratspläne ernsthaft in Erwägung zog. Er verfasste einen Brief an seinen Vetter Victor Amadeus, den Herzog von Savoyen. Darin teilte er ihm mit, dass sich eine schöne Gelegenheit biete, einen Zweig ihres Hauses in Spanien zu verwurzeln und dass er auf die Zustimmung des Herzogs hoffe. Mit diesem Brief schickte er seinen Freund Tarino nach Turin. Er hatte den strikten Auftrag, so schnell wie möglich nach Madrid weiter zu reisen, um dort alles Nötige zu regeln.

Tarino aber kam nicht an sein Ziel. Unterwegs erreichte ihn eine Depesche des Prinzen, die ihn zur Umkehr veranlasste. In Madrid war Königin Marie Louise plötzlich und überraschend gestorben, nachdem ihr Olympia ein Glas Milch gereicht hatte. Die Gräfin von Soissons war aus Madrid ausgewiesen worden. Ihre Karriere in Spanien war zu Ende und damit auch ihre Heiratspläne für Prinz Eugen.

Nach zermürbenden Monaten des Wartens begannen die Einnahmen aus den Abteien Ende 1689 schließlich doch zu fließen. Das war das Ende einer langen Durststrecke. Jetzt endlich konnte Prinz Eugen aufatmen. Es klang fast wie ein Stoßgebet, als er sagte: »Lieber zwei Abteien als eine Ehefrau!«

Und doch gab es einen weiteren Versuch, eine »Mariage« für den inzwischen erfolgreichen Feldherrn einzufädeln. Ludwig Wilhelm von Baden, Prinz Eugens alter Kampfgefährte, hatte in Böhmen eine wahre Goldader aufgespürt: die beiden Töchter des kürzlich verstorbenen Herzogs Julius Franz von Sachsen-Lauenburg, zwei begehrte Erbinnen reicher Besitztümer. Im Januar 1690 reiste der »Türkenlouis« zur Brautschau nach Böhmen. Zur allgemeinen Überraschung entschied sich der inzwischen bereits 35-Jährige aber nicht für die ältere Anna Maria Franziska, sondern für die gerade erst 15 Jahre alt gewordene Sibylla Augusta.

Anna Maria Franziska war als Braut für Prinz Eugen vorgesehen. Dass aus der Heirat nichts wurde, war ein Glück: Sie hatte Haare auf den Zähnen.

Sobald die Entscheidung gefallen war, ging alles sehr schnell. Bereits im März wurde auf Schloss Raudnitz in Böhmen Hochzeit gefeiert. Prinz Eugen war nicht dabei. Zum Bedauern des frisch gebackenen Ehemanns, denn der hätte ihn gerne seiner neuen Schwägerin Anna Maria Franziska vorgestellt.

War es Prinz Eugen bei der Hochzeit noch gelungen zu kneifen, so gab es für ihn wenige Wochen später kein Entrinnen mehr. Mitte April reiste der »Türkenlouis« wieder nach Schloss Raudnitz, um sich bei seiner jungen Frau vor dem neuen Feldzug gegen die Türken zu verabschieden. Diesmal musste Prinz Eugen mit.

Angekündigt war er bereits. Auf Schloss Raudnitz waren Empfehlungen von allerhöchster Stelle eingegangen, in denen der Prinz im rosigsten Licht dargestellt wurde. Er habe zwar kein eigenes Land, verfüge aber über hohe Apanagen und Pensionen aus Spanien, hieß es, ungeachtet der Tatsache, dass von Pensionen überhaupt keine Rede sein konnte.

Heiratsverhandlungen

Und dann flogen die Briefe aus und nach Schloss Raudnitz nur so hin und her: »Der Prince de Savoye ist ein gar wackerer und galanter Herr, auch der teutschen Sprache wohl kundig«, hieß es in einem eiligen Schreiben. Und in einem anderen: »Der Prinz von Savoyen befindet sich auch mit zu Lobositz und wird heute mit hereinkommen. Man laboriert stark für ihn, es scheint aber noch nicht, daß man große Lust zu ihm habe.« Der Großvater der jungen Dame bewies den größten Durchblick. Er schrieb an seinen Bruder: »Bei Hofe wird der Prinz von Savoyen für unfehlbar geschätzt, wie mein Korrespondent von dannen mir gestern zu verstehen gegeben; weil nun seine Person in Raudnitz gegenwärtig, wird sich zeigen, was Cupido bei der Prinzessin Franziska für Gewalt will üben. Eines wird sie vielleicht stoßen, daß kein Land noch Leute und ein cadet.«[3]

Cupido, in den man so große Hoffnung gesetzt hatte, übte seine »Gewalt« nicht aus. Und nicht nur das, er holte seine Pfeile erst gar nicht aus dem Köcher. Nicht zuletzt, weil der äußerlich wenig attraktive 27-jährige Prinz zwar einen klingenden Namen besaß, sich bei genauerer Betrachtung aber nur als der jüngere Sohn einer Adelsfamilie herausstellte, noch dazu aus einer Nebenlinie. Anna Maria Franziska aber hatte es sich in den Kopf gesetzt, die Frau eines regierenden Fürsten zu werden. Ein eigenes Land war bei Prinz Eugen aber weit und breit nicht in Sicht. Und dass seine Einnahmen aus den Abteien versiegen würden, sobald er das Zölibat aufgeben und in den heiligen Stand der Ehe treten würde, war auch eine schmerzliche Tatsache. Und so kam es, wie es kommen musste. »Der Prinz ist nun hier und wartet der Prinzessin Franziska auf«, notierte Hofrat Imhof. »Man spürt aber kein sonderliches Empressement dabei und auf der anderen Seite ebenso wenig Inclination«.[4]

Prinz Eugen reiste früher als erwartet ab. Aber noch war nicht alles verloren. Man verhandelte eifrig weiter, bis hin zur Höhe der eventuellen Witwenversorgung, für die 12 000 Gulden in Aussicht gestellt wurden. Das machte zwar Eindruck, aus der geplanten Verbindung wurde aber trotzdem nichts. Das Scheitern des Projektes wurde diplomatisch verbrämt: Das deutsche Blut vertrage sich eben nicht mit dem welschen. Und schließlich sei die Mutter des Prinzen nur eine bürgerliche Mancini, für männliche Nachkommen könnten daher nicht 16 adelige Ahnen nachgewiesen werden. Dieser Vorwurf freilich kostete Prinz Eugen nur ein Lachen.

Dass Cupido auf Schloss Raudnitz nicht aktiv geworden war, hatte seine Vorteile. So konnte Prinz Eugens Schutzengel seine Pflicht erfüllen. Das war auch dringend nötig. Darf man nämlich Hofrat Imhof glauben, dann war Anna Maria Franziska nicht nur herrschsüchtig und arrogant, sondern hatte auch Haare auf den Zähnen, sodass mit ihr nicht gut Kirschen essen war. Prinz Eugen muss die Lage mit dem geübten Blick des Strategen auf Anhieb durchschaut haben. Er machte daraus auch kein Hehl. Jahre später schilderte er seinen Kameraden seine verfrühte Abreise so, dass er bei Nacht und Nebel auf einem heimlich bereitgestellten Pferd »in die Freiheit galoppiert« sei.

Sexuelle Neigungen

Hatte Liselotte von der Pfalz in einem ihrer Briefe behauptet, der junge Prinz habe sich mit Frauen kaum »incommodiert, ein paar schöne Pagen wären besser seine Sache« gewesen, so wird man ihr dies wohl glauben müssen. Die unglückliche Briefschreiberin kannte sich in diesen Dingen aus. Sie war mit Philipp von Orléans verheiratet, dem Bruder Ludwigs XIV., und dieser hatte ihr gleich nach der Geburt ihres dritten Kindes »lit à part« vorgeschlagen, »getrennte Betten«. So konnte er sich seinen homo-

Liselotte von der Pfalz schrieb aus Paris Tausende von Briefen. Darin erwähnte sie den jungen Prinz Eugen immer wieder – gut kam er freilich nur selten weg.

sexuellen Neigungen ungestört hingeben. Im Prinzip war ihm Liselotte deshalb nicht böse. Empört war sie lediglich darüber, dass er seine jungen schönen Pagen mit Geld und wertvollen Geschenken überhäufte – und nach seinem frühen Tod Berge von Schulden hinterließ.

Sollte sich der junge Prinz Eugen in Paris tatsächlich mit einer Päderasten-Clique vergnügt haben, so finden sich für ähnliche Aktivitäten später keine Beweise mehr. Einzig ein Brief von Graf Schulenburg gibt zu denken. Nach der Belagerung von Mons plaudert er über die sexuellen Vorlieben des Prinzen aus der Schule: Er schätze »la petite débauche et la p. …«. Ersteres ist einfach zu übersetzen, es bedeutet eine kleine Ausschweifung. Was aber ist mit »p.« gemeint? »Prostitution«? »Paillardise« (Unzucht)? Oder doch »Pédérastie«?[5]

Angesichts des rasch wachsenden Vermögens von Prinz Eugen traten seine sexuellen Neigungen ebenso in den Hintergrund wie seine mangelnde körperliche Attraktivität, er war ein begehrter Junggeselle. Eine durch halb Mitteleuropa geführte Klatsch-Korrespondenz beweist, dass er in dieser Hinsicht im Mittelpunkt des Interesses stand. Das Thema Heiratspläne aber war für ihn nach dem böhmischen Abenteuer abgehakt. Und so sollte es bleiben. Zeit seines Lebens.

Prinz Eugen – ein Frauenfeind?

Prinz Eugen galt als Mars ohne Venus, der sich »in seiner Ambition durch kein Pläsir stören ließ«, wie der Leipziger Professor Rinck es ausdrückte. Bei offiziellen Anlässen trat er allein auf, ohne Damenbegleitung. In den Protokollen zum überaus festlichen Empfang des Zaren Peter von Russland 1698 zum Beispiel findet sich in der Gästeliste unter Nummer 49 der »Diener, so kein Frauenzimmer bei sich gehabt, Prinz Eugenius von Savoyen«.[6]

Mit ätzenden Bemerkungen über Frauen hat sich Prinz Eugen nicht zurückgehalten. So gab er Gräfin Schönborn, die ihn einmal fragte, warum er nie geheiratet habe, zur Antwort: »Madame, eine Frau ist allemal ein den Kriegsmann embarassierendes Möbel! Zu leicht vergißt er seine Pflicht darüber, daß er an sie denkt, oder schont sein Leben gar zu sehr, um sich seiner Frau zu erhalten.«[7] Übel nahmen ihm die Damen in Wien auch, was er über Verliebte sagte: Er schätze die »amoureux« ebenso ein wie die Fanatiker auf religiösem Gebiet, nämlich als Verrückte.[8]

Ein Frauenfeind war Prinz Eugen trotzdem nicht. Er hatte flüchtige Liebschaften mit einfachen Landmädchen »wie dies so Reitersart ist«.[9] Und in Wien hatte er Mätressen. Das behauptete zumindest der schwedische Resident, der den französischen Hof während des Spanischen Erbfolgekrieges mit geheimen Informationen belieferte. Er sprach konkret davon, dass die Gräfin Salburg jahrelang Prinz Eugens Geliebte gewesen sei. Als sie ins Gerede kam, sei sie mit dem Grafen Thürheim verheiratet worden, der diesen Bund seiner Karriere zuliebe gern einging. Tatsächlich hat sich Prinz Eugen im Jahr 1713 beim Kaiser heftig dafür eingesetzt, dass Thürheim das Amt des Generalkriegskommissars übertragen wurde.

Gräfin Eleonore Batthyány, die Herzensdame

Eine echte »Herzensdame« hat es im Leben Prinz Eugens dennoch gegeben. Es war die Gräfin Eleonore Batthyány, eine hübsche, kluge und liebenswerte Dame der Wiener Gesellschaft, die sich auch in fortgeschrittenen Jahren ihren bezaubernden Charme bewahren konnte. Die »schöne Lori«, wie sie in Wien liebevoll genannt wurde, stammte aus der Familie Stratmann, sie war 1692 mit dem ungarischen Magnaten Graf Adam Batthyány verheiratet worden, der sich in den Türkenkriegen an der Seite Prinz Eugens bewährt hatte und der zuletzt Banus von Kroatien gewesen war. Er beauftragte den Architekten Fischer von Erlach mit der Errichtung eines noblen Palais in der Renngasse. 1696 und 1697 kamen ihre beiden Söhne zur Welt, sie machten später in der kaiserlichen Armee Karriere.

Prinz Eugen verkehrte in der Familie Stratmann, seit er 1683 nach Wien gekommen war. Und der Hofkanzler, der übrigens zur selben Zeit in Wien eingetroffen war, förderte ihn, so gut er konnte. Heinrich Stratmann, der Stiefbruder »Loris«, war so alt wie Prinz Eugen, mit ihm verstand er sich ebenso gut wie mit Adam Batthyány, mit dem er immerhin vor Zenta gekämpft hatte. Adam Batthyány starb früh, 1703, seine Witwe Eleonore blieb in dem Palais in der Renngasse zurück. Aber auch Heinrich Stratmann verstarb früh, und auch er hinterließ eine Witwe, die den Vornamen Eleonore trug. Diese »grande dame« veranstaltete in ihrem Palais in der Schenkenstraße, der heutigen Bankgasse, elegante Soireen und Assemblees, wie die Abendgesellschaften damals genannt wurden. Prinz Eugen war häufig Gast auch dieser Eleonore.

Prinz Eugens Beziehung zu beiden Eleonoren war nicht politischer, sondern privater Natur. Er fühlte sich in Gegenwart der

Eleonore Batthyány war nicht nur hübsch, sie besaß auch Verstand und Herz. Als Prinz Eugen alt und krank war, sorgte sie rührend für ihn.

beiden kultivierten Damen wohl, fand in ihren Salons beim Kartenspiel – er spielte leidenschaftlich Piquet – Unterhaltung und Entspannung und bei Gesprächen mit den führenden Köpfen seiner Zeit Anregung. Dass er seine Abende oft, ja über lange Strecken sogar täglich in ihrer Gesellschaft verbrachte, blieb den Wienern nicht verborgen. Und bald entstanden auch Anekdoten. Wie jene über die Pferde, die den Weg zwischen Himmelpfortgasse und Renngasse von selbst fanden, weil der Kutscher, der Lakai und der Prinz, alle drei zusammen weit über 100 Jahre alt, unterwegs eingeschlafen waren.

Über Prinz Eugen und »Lori« wurde viel geklatscht und getratscht. Hinter vorgehaltener Hand wurde getuschelt, Eugen sei der Vater ihrer beiden Söhne. Eine erste schriftliche Erwähnung der Gräfin Batthyány stammt aber erst aus dem Jahr 1715. Der französische Botschafter du Luc berichtete nach Paris, Prinz Eugen verbringe sein Leben mit mehreren Damen, er habe sich aus ihnen einen kleinen Hof gebildet: »Die Gräfin Batthyány ist diejenige, die den meisten Einfluss auf ihn hat, sie ist nicht mehr ganz jung, besitzt aber viel Geist, jedenfalls verdient sie einige Aufmerksamkeit.«[10]

Einfluss der Gräfin

Die Gräfin Batthyány muss mit ihrem fein geschnittenen, von dunklen Locken umrahmten Gesicht auch im für damalige Zeiten hohen Alter von 40 Jahren noch eine auffallende Schönheit gewesen sein. Jean Baptiste Rousseau widmete ihr sogar ein enthusiastisches Geburtstagsgedicht, in dem er sie mit Venus verglich.

Dass Prinz Eugen sie in seiner Jugend geliebt haben soll, wurde immer wieder behauptet, ebenso, dass sie seit Jahren seine Mätresse sei. Was aber viele der Diplomaten in Wien noch mehr interessierte, war, inwiefern sich über sie Einfluss auf den Staatsmann Prinz Eugen ausüben ließe. Man hoffte, durch sie manches zu erfahren und zu erreichen. Missgünstige behaupteten, gegen entsprechende Erkenntlichkeiten habe sich die Gräfin bereit gezeigt, den Prinzen zu Entscheidungen zu bewegen. Tatsächlich findet sich in du Lucs Spesenabrechnung der Posten »18 Paar Schuhe oder Pantoffel als Geschenk für die Gräfin Batthyány, einen Schal, ein Haarfärbemittel und einen Goldschmuck, den sie sich von mir erbeten hat – 1200 Pfund«.[11]

Ob du Luc Gegenleistungen für seine Geschenke erhalten hat? Möglich, aber nicht wahrscheinlich. Prinz Eugen ermahnte seine Vertrauten immer wieder dazu, Frauen nicht zu politischen Gesprächen heranzuziehen und ihnen vor allem keine Geheimnisse zu verraten, da man sich auf ihre Diskretion nicht verlassen könne. Daran wird er sich wohl auch selbst gehalten haben. Aus seiner Nähe verlautete jedenfalls immer wieder, der Prinz vermeide es sorgsam, mit der Gräfin Batthyány von den Geschäften zu sprechen.

Der Kaiser allerdings hat einmal höchstpersönlich die Hilfe der schönen »Lori« in Anspruch genommen. 1724, als es darum ging, Prinz Eugen dazu zu bewegen, sein Amt als Generalstatthalter Belgiens endlich niederzulegen, bat er sie, auf den Prinzen in diese Richtung einzuwirken. Und sie enttäuschte den Kaiser nicht. Sollte er vorhaben, nach Brüssel zu ziehen, sei sie nicht dazu bereit, dorthin zu übersiedeln, erklärte sie ihrem Prinzen klipp und klar. Und dieser legte seine Ämter nieder und blieb in Wien – in der Nähe seiner lieben Freundin.

»Lori« war so etwas wie der »Lebensmensch« für Prinz Eugen. Ihr Geburtstag wurde in Schloss Hof jedes Jahr mit einem Fest und Theateraufführungen groß gefeiert. Sie war es, die Prinz Eugen betreute, als seine Kräfte in späten Jahren überaus schnell nachließen, und sie war es, die es verstand, seine körperlichen Gebrechen geschickt zu verbergen. Sie gab ihm Ruhe und Verständnis, sie war ihm Halt und Stütze, Anregung und Ansporn für seine wissenschaftlichen und künstlerischen Ideen und Liebhabereien.

Wie liebevoll und sorgsam sie mit ihm umging, zeigte sich in seinen späten Jahren. Als er, schon alt und krank, noch einmal in den Krieg ziehen musste, sorgte sie dafür, dass ihr Sohn Karl, der inzwischen zum General aufgestiegen war, in seiner Nähe war und auf ihn achten konnte.

1734 tauchte in Wien plötzlich das Gerücht auf, Prinz Eugen werde bald seine Heirat mit der Gräfin Batthyány bekannt geben. Es war eine Falschmeldung. Er trat mit ihr nicht vor den Traualtar. Und zur Erbin seines gewaltigen Vermögens machte er sie auch nicht. Prinz Eugen blieb bis zu seinem Tod ein notorischer Single. Zwei Abteien waren ihm lieber als eine Ehefrau.

[7]

Prinz Eugens Besitztümer – Juwelen barocker Baukunst

»Aus der großen Menge der herrlichsten und vortrefflichsten Paläste meritiert das schöne und unvergleichliche Palais des Prinzen Eugen in der Himmelpfortgasse mit Recht den ersten Platz, weil es die anderen alle sowohl an Schönheit als Kostbarkeit übertrifft.«

DER REISESCHRIFTSTELLER
JOHANN BASILIUS KÜCHELBECKER
ÜBER PRINZ EUGENS STADTPALAIS

Es war nicht nur eine Krankheit, sondern eine regelrechte Seuche, hoch ansteckend, gefährlich und unentrinnbar: Ab dem Ende des 17. Jahrhunderts befiel der »Bauwurm« das Kaiserhaus und so gut wie alle Adelsfamilien im Habsburgerreich. Prinz Eugen blieb davon nicht verschont. Zum Glück für die Nachwelt, denn er errichtete nach und nach fünf Schlösser. Einige davon zählen zu dem Schönsten, das in der Barockzeit je gebaut wurde.

Bald nachdem die Türkengefahr im Jahr 1683 gebannt war, erlebte Wien einen regelrechten Bauboom. Man hielt sich nicht lange damit auf, Gebäude zu reparieren, die während der Belagerung beschädigt worden waren, sondern riss sie reihenweise nieder. Nahezu besessen von dem Gedanken, sich selbst Denkmäler zu setzen, errichteten die Familien des Hochadels in den entstandenen Baulücken Stadtpalais, eines größer, edler und prächtiger als das andere. Und vor den Mauern und Bastionen der Stadt entstanden Sommerresidenzen und Parks, wunderbare Bühnen für die glanzvolle Selbstinszenierung einer Epoche. Und selbstbewusste Zeichen dafür, dass Wien jetzt endlich sicher war und dass man auch außerhalb der schützenden Stadtmauern bauen konnte.

Prinz Eugen durfte vorerst nicht daran denken, den »Bauwurm« zu füttern. Zum einen wusste er lange nicht, ob er überhaupt in Wien bleiben würde, und zum anderen konnte er es sich nicht leisten. Er hatte in den ersten Jahren seines Dienstes für das Haus Habsburg mit massiven finanziellen Problemen zu kämpfen, besaß nicht einmal eine eigene Wohnung und war auf die Gastfreundschaft angewiesen, die ihm Gönner gewährten. Nach einem eigenen Wohnsitz aber muss er sich trotz allem gesehnt haben.

Das Palais in der Himmelpfortgasse

Zu Beginn der 1690er Jahre verfügte er endlich zum ersten Mal über größere Geldbeträge. Prompt investierte er in Grundbesitz. Er kaufte in der Himmelpfortgasse ein kleines, nur drei Fenster breites Haus mit Garten. Dass er nach und nach auch angren-

Der Blaue Salon im Winterpalais ist mit der pompösen Deckenmalerei »Vermählung der Hebe mit Herkules im Olymp« geschmückt.

zende Grundstücke und Häuser dazukaufte, stürzte ihn zwar gleich wieder in Schulden, das nahm er aber in Kauf. Im Jahr 1693 ernannte ihn der Kaiser zum Feldmarschall. Das garantierte höhere Einnahmen, machte aber auch eine standesgemäße Unterkunft unumgänglich.

Prinz Eugen war kein Mann, der sich mit Halbheiten zufrieden gab. Wenn schon ein Palais, dann eines, das alle anderen in den Schatten stellte. Als führender Architekt galt zu dieser Zeit der aus Graz stammende Bildhauersohn Johann Bernhard Fischer von Erlach, der nach seinen Ausbildungsjahren in Italien seit dem Jahr 1686 in Wien arbeitete. Ihn beauftragte Prinz Eugen mit dem Bau eines relativ bescheidenen, siebenachsigen Palais. Er muss rasch gearbeitet haben, denn schon im März 1699 berichtete Louis Hector Herzog von Villars, der französische Gesandte in Wien, in einem Schreiben an seinen König, Prinz Eugen bewohne ein »palais magnifique«.

Prinz Eugen hat sein Stadtpalais in den folgenden Jahren entsprechend seiner Finanzlage immer wieder um- und ausgebaut.

Ein Spiegel von Reichtum und Macht, so wirkt der Blaue Salon im Winterpalais. Prinz Eugen nützte ihn als repräsentatives Paradezimmer.

Den aufwändigsten Zubau konnte er sich nach der Schlacht von Zenta leisten, denn dieser Erfolg hatte ihm hohe Zuwendungen des Kaisers eingetragen. Er wechselte allerdings den Architekten. Für die Erweiterung des Palais auf zwölf Fensterachsen und das prächtige Stiegenhaus, das um das Jahr 1705 entstand, zeichnete bereits Johann Lukas von Hildebrandt verantwortlich, er errichtete viel später auch den Bibliothekstrakt. Den aus Genua stammenden Sohn einer deutschen Soldatenfamilie hatte Prinz Eugen während der Italienfeldzüge als Festungsingenieur in der kaiserlichen Armee kennen gelernt. Dass »Meister Gian Luca«, wie er ihn liebevoll nannte, für ihn einmal die schönsten und berühmtesten Bauwerke seiner Zeit schaffen würde, konnten damals freilich beide noch nicht ahnen.

Tatsächlich galt Prinz Eugens Stadthaus bald als die erste Adresse Wiens nach der Hofburg. Auch wenn es Schönheitsfehler hatte: Es lag in einer engen Gasse, dadurch fiel nur wenig Licht in die Räume und die 18 steinernen Gestalten aus der griechischen

Das prachtvolle Treppenhaus im Winterpalais mit seinen vier Ehrfurcht gebietenden steinernen Atlanten und der Herkulesstatue in der Mittelnische.

Mythologie, die den Sims des Gebäudes schmückten, waren nur von der Seite zu sehen. Jedes Mal, wenn der Prinz Staatsbesuch hatte oder große Delegationen empfing, verursachte die Auffahrt der Kutschen außerdem ein furchtbares Gedränge.

Aber waren die Gäste einmal durch die Einfahrten in das Innere des Palais gelangt, kamen sie aus dem Staunen nicht heraus. Allein das Treppenhaus beeindruckte tief. Vorbei an wuchtigen, die Empore tragenden Atlanten, schritten Besucher unter der mit einem großen Gemälde geschmückten Decke auf die kraftstrotzende, alles bezwingende Herkulesstatue in ihrer Muschelnische zu – die vielleicht eine Vorahnung davon geben sollte, dass sie sich auf dem Weg zu einem Mann befanden, der wie Herkules alles bezwingen konnte.

Audienzen und Empfänge

Das Palais war anfangs vielleicht als privater Wohnsitz Prinz Eugens geplant. Je höher er jedoch auf der Karriereleiter stieg, desto mehr wurde es zu seiner repräsentativen Residenz. Schließlich amtierte in diesen Räumen der erste Mann im Staat, der wichtigste Minister und Beraters des Kaisers. Hier trat die »Geheime Konferenz« zusammen. Und hier strömten Tag für Tag Menschen ein und aus, die bei dem großen Mann um Audienz angesucht hatten. Diplomaten und Bittsteller, Künstler und Leute, die mit Ämtern betraut werden wollten. Und natürlich Gäste aus dem gesamten europäischen Ausland, die einen Höflichkeitsbesuch abstatteten.

Bis sie zum Prinzen vorgelassen wurden, mussten die Besucher im großen Saal warten. Wer dort nicht unter Beklemmungen litt, bevor er sein Anliegen vortragen konnte, besaß allerdings starke Nerven, denn in diesem Raum war alles Ehrfurcht gebietend. Die Wände zierten riesige Schlachtengemälde, ein Panorama der Siege des Hausherren: Zenta, Höchstädt, Cassano, Turin, Oudenaarde, Malplaquet, Belgrad, alles detailgetreu gemalt von Jacques Ignace Parrocel.

Vom großen Saal wurden die Besucher entweder zu intimen Besprechungen weitergeleitet oder in feierlicher Audienz empfangen, dazu diente der Rote Salon. In den umliegenden kleineren Räumen saßen die Sekretäre und Mitarbeiter des Prinzen. Ein ganzes Heer an gebildeten und klugen Männern, denen er nicht nur seine Briefe diktierte, sondern auch große Verantwortung übertrug. Sie hatten Vollmachten, auch selbständig Entscheidungen treffen zu können. Das mussten sie auch, denn der Prinz selbst war nicht immer anwesend. Besonders in seinen späten

Jahren machte er es sich zur Angewohnheit, lediglich vormittags zu arbeiten. Der Nachmittag gehörte seinen Liebhabereien. Daran hielt er fest, trotz aller oft ätzend vorgetragenen Kritik seiner Feinde, die ihm unumwunden vorwarfen, er arbeite zu wenig.

Hingerissen waren die Gäste vom so genannten Blauen Salon, in dessen Mitte das Prunkbett des Prinzen stand. Dort zelebrierte er das spätmorgendliche Levée, ganz nach dem Vorbild Ludwigs XIV. Und auch das neben dem prachtvoll ausgestatteten Schlafgemach des Prinzen gelegene Spiegelkabinett verzückte durch seine vergoldeten Stuckarbeiten, Gemälde und Spiegel. Dass in den Räumen eine Unzahl kostbarer Kronleuchter hing, blieb auch nicht unbemerkt. Von vielen wusste man sogar den Preis – von einem besonders schönen wurde kolportiert, dass er 40 000 Gulden gekostet hatte.

Das Palais des Prinzen wurde von zahlreichen Reiseschriftstellern gelobt. Johann Basilius Küchelbecker zum Beispiel erwähnt es in seiner Beschreibung der kaiserlichen Residenzstadt

Dieses Prinz-Eugen-Prunkbett mit türkischen Motiven wurde für das Kaiserzimmer in Stift St. Florian geschaffen. Kaiser Karl VI. hat sich daran erfreut. Der Prinz selbst hat darin nie geträumt.

Wien: »Aus der großen Menge der herrlichsten und vortrefflichsten Paläste meritiert das schöne und unvergleichliche Palais des Prinzen Eugen in der Himmelpfortgasse mit Recht den ersten Platz, weil es die anderen alle sowohl an Schönheit als Kostbarkeit übertrifft.«[1]

Dass das Äußere des Hausherrn in krassem Gegensatz zu seinem überaus prächtigen Palais stand, erstaunte viele Besucher. Der schmächtige Prinz trat stets nachlässig gekleidet auf, er gab sich als schlichter Soldat, alles andere als elegant – daran hielt er auch eisern fest. Sogar zu glanzvollen Hofbällen erschien er in seiner einfachen, oft nicht einmal sauberen Kleidung. »Ihre Durchlaucht Prinz Eugen von Savoyen waren nicht im Staatskleid, sondern im Jägertenue erschienen«, meldete das Wiener Diarium einmal, und bei einem anderen Anlass: »... in der Uniform des Feldobristen seines Dragonerregiments«.[2]

Schloss Ráckeve

So wenig er aber auf seine eigene Erscheinung hielt, davon, seine Umgebung immer noch aufwändiger und prunkvoller zu gestalten, konnte er nicht genug bekommen. Möglich, dass dies Versuche des einst ungeliebten und verspotteten Pariser Jungen waren, endlich Anerkennung und Bewunderung zu finden. Möglich auch, dass sich auf diese Art sein unbändiger Stolz auf die eigenen Leistungen ausdrückte. Sicher ist jedenfalls, dass er große Freude und Lust am Bauen hatte. Besonders Letzteres zeigte sich bald sehr deutlich.

Kurz nachdem er die Insel Czepel südlich von Budapest gekauft hatte, ging Prinz Eugen daran, auch dort ein Palais zu errichten. Groß, repräsentativ und herrschaftlich, des Siegers von Zenta würdig. Mit der Planungsarbeit für Schloss Ráckeve betraute er auch diesmal Lukas von Hildebrandt. Als dieser seine Entwürfe lieferte, befand sich Prinz Eugen schon wieder im Feld, er stand auf dem Italien-Feldzug vor Cremona. Dafür, die Pläne mit Randbemerkungen zu versehen und sie an den Architekten zurückzusenden, fand er aber Zeit.

Auch Schloss Ráckeve geriet zu einem Juwel barocker Baukunst. Das Zentrum der eingeschossigen, nur im Mitteltrakt mit einem zweiten Geschoss versehenen Anlage bildet der achteckige, an den Ecken gewölbte und mit einer Kuppel überdachte Festsaal. Die Seitenflügel enden in quadratischen Pavillons. An der Straßenfront zieht sich eine dreiseitig geöffnete Vorhalle zum Einparken von Kutschen hin, deren Decke die Gestalten des Mars und der Minerva zieren.

Lukas von Hildebrandt mag sich an italienischen und französischen Vorbildern orientiert haben. Die Silhouette von Schloss Ráckeve aber erweckt Assoziationen zu etwas ganz anderem: Sie erinnert an ein weit ausladendes, Respekt gebietendes türkisches Prunkzelt! Dieser Eindruck wird noch dadurch verstärkt, dass die Spitzen der Kuppel und der beiden Seitenpavillons türkische Turbane zieren. Ráckeve ist aber auch das erste ungarische Barockschloss, das ohne eine Spur von Verteidigungsanlagen errichtet wurde. Seine eindeutige Botschaft lautete: Jetzt ist die Türkengefahr endgültig gebannt!

Bewohnt hat Prinz Eugen sein hübsches Schloss südlich von Budapest so gut wie nie. Für die Donauinsel gesorgt hat er trotz-

Auf der Donau-Insel Czepel baute Prinz Eugen das anmutige Schloss Ráckeve. Seine Umrisse erinnern an ein großes, prunkvolles Türkenzelt.

dem. Er holte Siedler nach Czepel, ein bunt gemischtes Völkchen von unterschiedlichster Konfession, dann setzte er Verwalter ein, die dafür zu sorgen hatten, dass aus dem Besitz ein landwirtschaftlicher Betrieb wurde, der auch Erträge abwarf. Der Feldherr übte sich also als Gutsherr.

Pracht in der »Vorstadt« – das spätere Schloss Belvedere

Mit dem Grundbesitz, den Prinz Eugen noch vor der Jahrhundertwende außerhalb der Stadtmauern von Wien erwarb, hatte er ganz andere Pläne. Er träumte davon, auf dem leicht ansteigenden Weinland, dessen Anhöhe eine wunderschöne Aussicht auf Wien bot, einen prachtvollen Garten anzulegen. Dass sich auf dem Nachbarsgrundstück ausgerechnet sein politischer Gegenspieler Graf Mansfeld gerade ein elegantes Gartenpalais erbauen ließ, das später zum Palais Schwarzenberg wurde, ärgerte ihn zwar, die Freude an diesem Projekt ließ er sich aber nicht verderben.

Auf dem neuen Grundstück ging es bald turbulent zu. Um nach den Plänen des Versailler Gartenarchitekten Dominique Girard auf dem ansteigenden Terrain Terrassen und Bassins

Das untere Gartenpalais, einst idyllisch und ruhig vor den Toren der Stadt gelegen. Lukas von Hildebrandt stellte es in nur zwei Jahren fertig.

bauen zu können, wurden umfangreiche Erdbewegungen durchgeführt und mussten massive Mauern errichtet werden. Bald waren auch Scharen von »Lustgärtnern« damit beschäftigt, Beete und Boskette anzulegen, Bäume und Hecken zu pflanzen. Alles entwickelte sich zur Zufriedenheit des Prinzen. Schon um die Jahrhundertwende lud er 6000 Gäste zu einem Maskenfest. Und weil der Garten ohne dazugehörendes Schloss irgendwie leer wirkte, ließ er eines auf riesige Leinwände malen, die dann aufgespannt wurden.

Das Gartenpalais

Luftschlösser muss Prinz Eugen mit seinem Architekten schon bald nach dem Erwerb des Grundstückes gebaut haben. Tatsächlich zeichnete Lukas von Hildebrandt bereits um das Jahr 1704 die Umrisse eines Palais in einen Stadtplan von Wien ein, zu einem Zeitpunkt, als von konkreten Bauplänen noch lange nicht die Rede sein konnte. Baubeginn für das Gartenpalais war erst zehn Jahre später. Erst als der Spanische Erbfolgekrieg zu Ende und der Friede von Rastatt unterzeichnet war, verfügte Prinz Eugen, der siegreiche Feldherr, der jetzt zum Friedensbringer geworden war, über die nötigen Mittel für ein Projekt dieser Größenordnung.

Das Schloss am Rennweg war ursprünglich als eine Art Repräsentations-Gartenhaus mit nur wenigen Wohnräumen gedacht. Der Baubeginn fiel in eine denkbar schlechte Zeit. In Wien wütete die Pest, die Menschen litten bittere Not. Prinz Eugen schickte seine Tagelöhner trotzdem nicht nach Hause, im Gegenteil, er verdoppelte ihre Zahl. So waren bald bis zu 1300 Mann auf der Baustelle beschäftigt und hatten ein gesichertes Einkommen. Innerhalb von zwei Jahren schufen sie ein Bauwerk von höchster Anmut und Schönheit.

Im Jahr 1716 muss das Gartenpalais weitgehend fertiggestellt gewesen sein. Eine Delegation aus Flandern und Brabant, die nach Wien gekommen war, um dem neuen Statthalter der Niederlande einen Besuch abzustatten, durfte auch den neuen Hof des Prinzen in der »Vorstadt« bewundern. Ihren Berichten zufolge betraten sie die Anlage durch ein treffliches Portal in Form eines Amphitheaters, gelangten in einen Garten, in dem ein Bär an der Kette lag, überquerten einen schön umbauten Platz, um den die Stallungen und die Wohnungen des Personals lagen und erreichten das Zentrum des Palais: Zu diesem Zeitpunkt war der imposante, zweigeschossige Marmorsaal mit seinem Deckengemälde von Martino Altomonte, das den Prinzen als Türkensieger, gleich Apoll auf Wolken ruhend, feiert, bereits vollendet. Im Garten wurde noch eifrig gearbeitet. Die Niederländer sahen eine Baustelle, »wo man gerade vier große Bassins errichtete, um Fontänen springen zu lassen«.[3]

Als Prinz Eugen im Jahr 1716 in den Krieg ziehen musste, zur Abwechslung wieder einmal gegen die Türken, war noch lange nicht alles fertig. Von Temesvar und Peterwardein aus erteilte er Architekt Hildebrandt Anweisungen. Nach und nach entstanden die an den Kuppelsaal anschließenden Räumlichkeiten, das mit kostbaren Seidentapeten ausgeschlagene Tafelzimmer und auf der anderen Seite das ebenso mit Seide tapezierte Paradeschlafzimmer. Daran schlossen mehrere aufwändig gestaltete Räume

Der Groteskensaal im Gartenpalais: Die mythologischen Darstellungen beziehen sich auf die Funktionen Prinz Eugens als Kriegsherr und Mäzen.

an, darunter der wie ein Pavillon wirkende, von Jonas Drentwett gestaltete Groteskensaal und die Marmorgalerie, die später zum eleganten Rahmen für die Antiken aus Herculaneum wurde, und das Goldkabinett für intime Besprechungen. Alles jedenfalls von Anfang an unter dem nicht gerade bescheidenen Anspruch, es müsse so sein, wie es die Welt noch nie gesehen hat.

Rare Gewächse für den Garten

Auch im Garten wurde intensiv gearbeitet. Das nach oben hin ansteigende Gelände schmückten bereits zahlreiche Skulpturen. Aus Italien trafen »welsche Fruchtbäume« ein, Orangen- und Zitronenbäume, und bald wurden aus der ganzen Welt exotische Pflanzen und Gewächse angeliefert. Zu ihrer Bewässerung wurde eine Wasserleitung aus St. Veit gebaut. Damit sie den Winter ohne Schaden überleben konnten, entstanden neben dem Palais zwei Glashäuser und die liebevoll »Pomeranzenhaus« genannte Orangerie. In diesem Punkt entsprach Prinz Eugen dem Zeitgeist des Barock: Die Natur zu zähmen und zu bändigen, kostbare exotische Pflanzen und Tiere zu besitzen und auch in einem Klima überleben zu lassen, für das sie nicht geschaffen waren, das alles wurde als Ausdruck von Reichtum und Macht gewertet.

Den Wienern wurde von den Vorgängen in Prinz Eugens Garten nichts vorenthalten. Das »Wiener Diarium« informierte pünktlich über das Blühen der Orangenbäume und der Kakteen. Wer immer den Garten und die neuen Bauwerke sah, fand Worte der Bewunderung. So notierte der Reiseschriftsteller Johann Basilius Küchelbecker: »Allhier ist auch eine schöne Orangerie und andere kostbare und rare Gewächse zu sehen, welche im Winter in einem kuriosen Glashaus verwahrt werden. Derer raren Gewächse, welche teils von Florenz, teils von Genua, von Neapel, aus Peru, Malabar, Indien und Türkei hierher gebracht worden, werden über zweitausend gezählt.«[4]

Seine Pflanzen lagen Prinz Eugen ungemein am Herzen. Für ihre Betreuung stand stets ein gutes Dutzend Gärtner zur Verfügung, an ihrer Spitze Garteninspektor Anton Zinner. Mit ihm traf sich der siegreiche Feldherr und »edle Ritter« immer wieder zum »Fachsimpeln«. Oft zupfte er auch selbst welkes Laub ab und hantierte mit Gartengeräten, das war seine »vergnügliche Gärtnerei«. Aber damit nicht genug: Der Feldherr mit dem grünen Daumen stellte auch Forschungen an. Nach ihm wurde sogar eine ganze Gattung benannt: Eugenia. Um ausgefallene und seltene Pflanzen zu bekommen, führte er lange Gespräche im Anschluss an Staats-Unterhandlungen im Ausland, er unterhielt eine umfangreiche Korrespondenz quer durch Europa – über das Pfropfen von Obstbäumen ließ er sich sogar Literatur aus Spanien kommen – und ersuchte die Vertreter seiner Geheimdiplomatie in fremden Ländern, ihm eigenartige Bäume, Sträucher und Blumen zu übersenden.

Den Transport seiner Pflanzen nach Wien verfolgte er mit Sorge und Ungeduld. Als einmal Orangenbäume aus Neapel auf die Reise geschickt wurden, befürchtete er, dass sie unterwegs leiden würden. »Es ist aber auch zu hoffen, nachdem sie in die Erde zeitlich gesetzt worden, daß sie sich wiederum erholen werden«, schrieb er, um dann nach ihrer Ankunft erleichtert aufzuatmen, denn sie waren »... so wohl konditioniert und von so extra schöner Gattung, daß ich dergleichen hier noch niemals gesehen«.[5]

Auch auf die Ausbildung seiner Gärtner legte Prinz Eugen großen Wert. Einen jungen Mann schickte er sogar für drei Jahre nach Holland, damit er die Kultur der Blumen und Gärten genau studieren könne. Nur so konnte er sicher sein, dass seine geliebten Raritäten auch die richtige Pflege erhielten. Schließlich gab

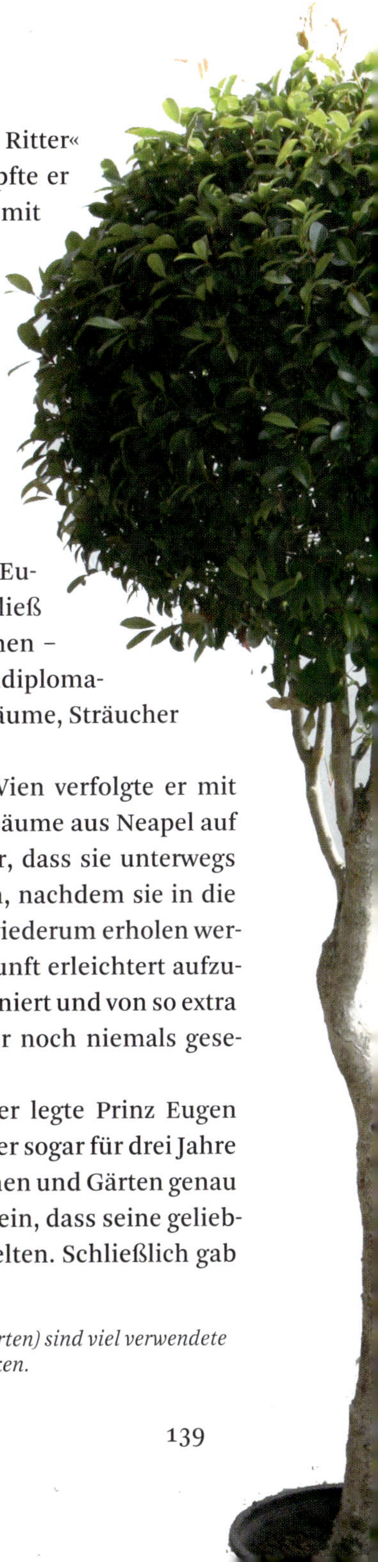

Die nach Prinz Eugen benannten Eugenien (Kirschmyrten) sind viel verwendete Pflanzen: kaum ein Rednerpult, das sie nicht schmücken.

es deren viele, und sie wurden auch gebührend bestaunt: Ananas ebenso wie »Bisan«, wie damals die Banane genannt wurde, drei verschiedene Palmenarten, zwei davon so groß, wie man sie in »Teutschland« überhaupt noch nie gesehen hatte, Kaffee-, Dattel- und Drachenbäume, dazu unterschiedlichste Kakteen und Mimosen.

Prinz Eugen nutzte seinen »Garten am Rennweg« auch bald für Staatsangelegenheiten. So empfing er dort 1719 den türkischen Botschafter Ibrahim, der sich lobend und bewundernd über den Garten, die Gebäude und die Gewächse äußerte. Und doch: Bald stellte sich heraus, dass die Räume für Repräsentationszwecke nicht groß genug waren.

Ein Gartenpalast als krönender Abschluss

Nach den großen Siegen über die Türken und dem Frieden von Passarowitz war für Prinz Eugen außerdem die Zeit gekommen, sich ein neues, noch glanzvolleres Denkmal zu setzen. Ein luxuriöses Palais nur für Repräsentationszwecke als Abschluss seines Gartens, das muss ihm schon lange vorgeschwebt sein. Immerhin hatte er schon im Jahr 1716 der niederländischen Delega-

Mit dem prachtvollen oberen Gartenpalais (später Oberes Belvedere genannt) erfüllte sich Prinz Eugen den Wunsch nach einem Repräsentationsbau.

tion davon vorgeschwärmt. Lukas von Hildebrandt beauftragte er aber erst 1720 mit der Planung. Dann ging auch auf dieser Baustelle alles sehr schnell: Innerhalb von zwei Jahren war der große Gartenpalast des Prinzen, der seit der Zeit Maria Theresias Oberes Belvedere genannt wird, fertig gestellt.

Den krönenden Abschluss des ansteigenden Gartens bildete nun ein langgestreckter Bau mit etwas vorgesetztem oktogonalem Mittelpavillon und vier mit Kuppeln überwölbten Eckpavillons, alles bedeckt von einer bewegten, eingekerbten Dachlandschaft. Während Montesquieu die Meinung vertrat, die reich mit Firlefanz geschmückte und gegliederte Fassade verrate schlechten Geschmack, erkannten spätere Generationen darin eines der schönsten Bauwerke des Barock in Österreich, wenn nicht sogar in der ganzen Welt. Assoziationen zu türkischen Zelten allerdings entstanden auch hier. Noch Hugo von Hofmannsthal fühlte sich von dem »fürstlichen Prunk- und Lustgezelt« an Kara Mustafas Zelt erinnert.

Wer das Palais vom Ehrenhof aus betrat, gelangte zuerst in die Sala Terrena oder Erdgeschosshalle, in der vier mächtige Atlanten das reich mit Stuck geschmückte Deckengewölbe stützten.

Wie im Winterpalais tragen auch in der Sala Terrena des Gartenpalais vier Atlanten das reich mit Stuckarbeiten verzierte Deckengewölbe.

Der Marmorsaal ist ein Juwel barocker Baukunst und dazu geschichtsträchtig: Hier wurde 1955 der österreichische Staatsvertrag unterzeichnet.

An sie schlossen sich »Gesellschafts-Sommerzimmer«, Galerien und schließlich in den Pavillons an den Ecken Kabinette an. Einer der schönsten Räume war der Gemalte Saal, dessen Deckenfresko der berühmte italienische Barockkünstler Carlo Carlone schuf. Von der Sala Terrena aus öffnete sich die Prunkstiege hinauf in den Marmorsaal, der sich im zweiten Stockwerk ausbreitete und der wie schon im Unteren Belvedere auch hier das Zentrum des gesamten Bauwerks bildete.

Während die unteren Räumlichkeiten mit ihren zum Garten hin offenen Sälen und Galerien als Rahmen für glanzvolle Veranstaltungen, Feste und Empfänge geplant waren, diente der erste Stock den Repräsentations-Aufgaben des Hausherren. Er hätte sich dafür keinen prunkvolleren Rahmen schaffen können als den Marmorsaal. Seine Ausstattung zeigte, dass nur das Kostbarste verwendet wurde: Der Boden war mit rotem Marmor belegt, das Säulenwerk der Wände war stark vergoldet und über dem Ganzen schwebte am Plafond die den Kriegsherren Eugen verklärende »Allegorie des Ruhmes«, ebenfalls gemalt von Carlone.

Auf dem Balkon des Marmorsaales stehend durfte sich der Prinz am Ziel all seiner Wünsche fühlen. Die Stadt lag ihm zu Füßen. Ließ er seinen Blick in die Ferne schweifen, schaute er hinunter zum Kaiser und hinüber bis zum Kahlenberg, mit dem für ihn ja alles begonnen hatte. In seiner Nähe aber erfreuten sein Auge die »Wunderwürdigkeiten« seines inzwischen in höchster Anmut mit einer Reihe von Wasserbecken unterschiedlicher Größe vollendeten Gartens.

Meister Girard hatte die Höhenunterschiede des Terrassengartens durch Querachsen aufgefangen. Vor dem unteren Palais lag ein Heckengarten nach italienischem Vorbild, mit pyramidenförmig zugeschnittenen Bäumen, der obere Bereich war eher nach französischem Vorbild gestaltet, mit Rasenflächen in geometrischen Formen, mit Kaskaden, Treppen und Wasserspielen. Belebt war der ganze Garten außer von Herkules und Apoll, den Symbolfiguren des Hausherren, von einer Schar weiterer Skulpturen. Sie symbolisierten im unteren Bereich die vier Elemente, in der Mitte den Parnass und im oberen Teil den Olymp.

Ein lebendiges Panoptikum: Die Menagerie

An der östlichen Schmalseite des Palastes befand sich neben einem Küchengarten die Menagerie. Dieser Tiergarten war halbkreisförmig um ein Bassin mit Springbrunnen angelegt. Ähnlich wie seine außergewöhnlichen Pflanzen hatte Prinz Eugen ab dem Jahr 1720 auch damit begonnen, exotische Tiere zu sammeln. Niederländische Kapitäne, die ferne Länder wie Amerika und Indien bereisten, bemühten sich ebenso wie Diplomaten, die ihn günstig stimmen wollten, ihn mit »raren Tieren« zu beliefern. Der Prinz hatte bei dieser lebenden Fracht immer wieder Sorge, ob sie ihr Ziel wohl heil erreichen würde. Bald tummelten sich in seinen Gehegen aber 38 Arten von Säugetieren und im Vogelhaus 59 Arten von Vögeln – darunter keiner, »den nicht sein Gesang oder die schöne Farbe oder auch die Fremde rekommendierte«.[6]

In der Menagerie tummelte sich zur Freude Prinz Eugens eine bunt zusammengewürfelte Schar exotischer Tiere aus der ganzen Welt.

Die Menagerie beeindruckte auch Reiseschriftsteller. Küchelbecker berichtete davon, dass schon im Eingang zum Palais Pfauen, Schwäne, Kraniche und Löffelgänse herumgelaufen seien und dass indianische Vögel das Haus des Tierwärters umschwärmt hätten. Er beobachtete voll Staunen tripolitanische Schafe, die sehr fett waren, einen Auerochsen mit einem großen Bart wie ein Ziegenbock, eine indianische Kuh, deren Kopf und Vorderteil wie von einem Hirschen, der Hinterleib jedoch wie von einem Esel war, einen indianischen Wolf, der, obwohl nicht angekettet, »den Tierwärter dennoch litt und sich von demselben wacker rumpeitschen ließ«, einen jungen Löwen, mit dem der Wärter spielte, fünf Strauße, einen Kasuar und vieles mehr.[7]

Von seinen Wohnräumen im ersten Stock des Palais aus konnte Prinz Eugen seine Menagerie beobachten, das kunterbunte Völkchen der Affen und Meerkatzen, der Paviane und

Hyänen, der Gazellen und Steinböcke, der Ziegen und Schafe. Besondere Freude bereiteten ihm eine afrikanische Zibetkatze, ein aus Moskau geliefertes Rentier, ein Stachelschwein und ein Nasenbär. Der Prinz ließ es nicht dabei bewenden, seine Menagerie nur von weitem zu beobachten. Oft begab er sich selbst in das Gehege, besuchte den prachtvollen weißköpfigen Geier, der später ein Alter von über 100 Jahren erreichen sollte, fütterte einen Adler und seinen absoluten Liebling, einen Löwen. Diese Liebe beruhte auf Gegenseitigkeit: Einer Anekdote nach soll der Löwe in der Nacht, in der sein Herr verschied, »wider alle Gewohnheit ganz entsetzlich zu brüllen angefangen und von selbiger Stunde an sich ungemein traurig bezeigt« haben.[8]

Mords-Spektakel durch hohe Besuche

Für noch mehr Aufsehen als die Menagerie sorgten die vielen hohen Besuche, die Prinz Eugen in seinem Gartenpalais empfing. Ein »Mords-Spectakel« erlebte die Stadt, als Prinz Eugen am 11. Juni 1731 den türkischen Gesandten Mustafa Efendi in öffentlicher Audienz empfing. Der Zug der türkischen Delegation bewegte sich quer durch die Stadt zum Oberen Belvedere. An ihrer Spitze die in voller türkischer Pracht geschmückten Pferde als Geschenke für die höchsten Offiziere des Prinzen. Danach vier Abteilungen »Hartschierer von hiesiger löblicher Stadtguardia«, dann die Bewachungsmannschaften des Gesandten und zahlreiche Würdenträger zu Pferd, die farbenprächtig orientalisch gekleideten Sekretäre des Gesandten und schließlich die kostbare, von sechs Pferden gezogene Kutsche mit dem Gesandten.

Über die Audienz selbst stand später im »Wiener Diarium« zu lesen: »Der Herr Abgesandte hatte einen paperl-grünen mit Zobel gefütterten großen Diwan-Pelz an und trug auf seinem Haupt einen Bund so von Rang deren Schriftgelehrten.« Prinz Eugen empfing seinen hohen Gast »mit bedecktem Haupt« in einem Lehnsessel. Die Gespräche wurden von dem Dolmetschersekretarius Heinrich von Penckher fließend übersetzt. Immer wieder erfuhren die Leser, dass »der Abgesandte samt seinem Gefolg namens Ihrer Hochfürstlichen Durchlaucht auf das herrlichste traktieret« wurde. Dass dies Prinz Eugen erhebliche Kosten verursacht hat, steht fest. Der türkische Abgesandte entwickelte einen gewaltigen Appetit. Er »speiste da, er tafelte dort, er wurde – immer mit seinem ganzen Gefolge – mit köstlichen Erfrischungen, Gebrät und Leckereien bewirtet« – und er blieb bis zum September.[9]

Ein Landsitz für den Prinzen – Schloss Hof

Schon während der Friedensverhandlungen von Rastatt hatte Prinz Eugen Herzog Villars einmal anvertraut, dass er sich nach einem »retraite« außerhalb von Wien sehne, nach einem Landsitz, auf den er sich zurückziehen könne. Bis zur Verwirklichung dieses Wunsches musste er noch bis zum Jahr 1725 warten. Und dann war es eigentlich ein wenig erfreulicher Anlass, der ihn zum Grundbesitzer im Marchfeld machte: Im Gegenzug für den Verzicht auf die Statthalterschaft der Niederlande hatte ihm Kaiser Karl VI. Güter geschenkt, darunter die Herrschaft Siebenbrunn. Um ein großes, zusammenhängendes Jagdgebiet schaffen zu können, erweiterte Prinz Eugen seinen Besitz rasch durch Zukäufe, darunter die Schlösser Niederweiden und Hof.

Ganz der leidenschaftliche Bauherr, begann Prinz Eugen mit seinem Architekten Lukas von Hildebrandt sogleich, Pläne zu schmieden. Schloss Siebenbrunn wurde um einen großen Garten, ein Bassin und ein von Jonas Drentwett mit Groteskmalerei geschmücktes Gartenhaus bereichert. Niederweiden wurde renoviert und um ein Glashaus und einen vom Gartenarchitekten Dominique Girard gestalteten Fasangarten mit zwei Teichen erweitert. Und dann kam das größte Projekt: Schloss Hof.

Anders als bei Schloss Ráckeve und bei den Palais in Wien hatte der Architekt in Schloss Hof nicht freie Hand, einen Neubau ganz nach seinen Ideen zu errichten. Er musste sich an bereits bestehende Bauteile halten. So lautete sein Auftrag, das auf einer von der Marchniederung aufsteigenden Bodenwelle liegende, von Wall und Graben umgebene, im Quadrat gebaute,

Prinz Eugen machte das kleine Kastell zu einem eleganten Jagdschloss. Sein heutiges Aussehen verdankt Schloss Hof aber Kaiserin Maria Theresia.

mit je einem Dutzend Fenstern auf jeder der vier Seiten versehene Kastell in ein elegantes, repräsentatives Land- und Jagdschloss umzubauen.

Zur Zeit der Bauarbeiten in Schloss Hof war Prinz Eugen bereits ein Mittsechziger. Neunmal im Krieg verwundet, immer wieder an heftigen Katarrhen, Fieberschüben und Ischiasanfällen leidend, war er von den Strapazen seines Lebens deutlich gezeichnet. Mit seinem schmächtigen Körper bewegte er sich jedoch nach wie vor mit überraschender Wendigkeit. Und er scheute keine Schwierigkeiten. In Schloss Hof stieg er im September 1729 selbst auf ein Baugerüst, um sich vom Fortschritt der Arbeiten zu überzeugen. Prompt rutschte er ab, stürzte in die Tiefe und zog sich eine Fußverletzung zu – um wenige Wochen später schon wieder auf der Baustelle zu erscheinen.

Als Schloss Hof fertiggestellt war, präsentierte es sich als eine der schönsten und interessantesten Arbeiten Hildebrandts: Zwei vorgezogene neue Flügel bildeten die Umrahmung für den Ehrenhof, der March zugewandt lag eine imposante, gegliederte Gartenfassade. Die Sala Terrena führte zur Gartenanlage. Der ebenfalls nach Plänen Girards unter Mitarbeit des auch im Wiener Garten des Prinzen tätigen Anton Zinner auf sieben künstlichen, zur March hin abfallenden Terrassen angelegte Barockgarten galt schon bald nach seiner Fertigstellung als Sensation. Er übertraf so gut wie alle vergleichbaren Anlagen Europas an Eleganz, Pracht und Raffinesse. Die reichen Broderiebeete, die Pavillons, Bosketten, Skulpturengruppen und Brunnenanlagen faszinierten alle Besucher auf Anhieb.

Ein prachtvoll aus Nussbaumholz geschnitzter Armlehnstuhl aus dem Besitz Prinz Eugens.

Die Privatgemächer des Prinzen lagen im Nordflügel, der Eckraum mit herrlicher Aussicht bis zur March diente ihm als Schlafzimmer. Hier stand sein großes Himmelbett »von gelben Atlas mit allerhand gefärbter seiden gestickt und mit seidenen porten und Franzen nebst herumblauffenden Straiff von blauen Atlas gebrämt«.[10] Aber auch bei allen anderen Räumen wurde auf die Ausstattung größter Wert gelegt. Gespart wurde weder an kostbaren Stofftapeten noch an Stuck für Decken und Wände oder an geschnitzten, reich vergoldeten Supraporten, an prachtvollen Marmorkaminen und wertvollem Mobiliar. Gästen standen sieben »Dame«-Zimmer und sechs »Cavalier«-Zimmer zur

Die Kapelle von Schloss Hof ist der einzige Raum, der seit Prinz Eugens Zeit zur Gänze unverändert geblieben ist.

Der Meierhof war ursprünglich als idyllisches Mustergut geplant. Jetzt ist er wieder erstanden und wurde für zahlreiche Tiere zu einem Refugium.

Verfügung. Eine Besonderheit war die über zwei Stockwerke reichende Kapelle mit einem Deckengemälde von Carlone.

Landwirtschaft und Jagd

Die Landwirtschaft lag dem vielseitig interessierten Feldherrn am Herzen. So konzipierte er den Meierhof auf Schloss Hof schon damals als eine Art imperiale Schauanlage. Architekt Lukas von Hildebrandt plante im Meierhof Anlagen zur Zucht und Haltung von Nutztieren ein. Das sechs Hektar große Mustergut gab Prinz Eugen die Möglichkeit, sein Agrarsystem mit Handwerksbetrieben, zentraler Küche, Bäckerei, Bierbrauerei und Branntweinerei zu präsentieren.

Das Mustergut ökonomisch zu führen, war kein Thema. Was Prinz Eugen für sein prachtvolles Landschloss wünschte, war ein möglichst dekorativer Gutshof. Für seine exotischen Pflanzen ließ der leidenschaftliche Pflanzensammler auch ein neuartig konzipiertes Glashaus erbauen. Es war mit der ersten Schwerkraftheizung ausgestattet, die Luft wurde mittels unterirdischer Kachelöfen erwärmt, strömte auf Grund der Thermik in das Glashaus hoch und floss nach der Abkühlung durch Bodenschlitze wieder in die Heizkammern zurück.

Nach Abschluss der Bauarbeiten besuchte Prinz Eugen sein »tusculum rurale« während der sieben Jahre, die ihm bis zu seinem Tod blieben, regelmäßig. Dort fand er Entspannung, Ablenkung von den Staatsgeschäften und Ruhe. Dorthin konnte er sich auch zurückziehen, wenn er Sorgen hatte, wie vor seinem letzten Kriegszug gegen Frankreich. Hatte er einmal den Entschluss gefasst, »zur Schöpfung frischer Luft« ins Marchfeld zu fahren, konnte ihn nichts mehr davon abbringen. Oft lud er auch größere Gesellschaften ein, dann wurde fröhlich getafelt und Karten gespielt, es gab Theateraufführungen, und der Geburtstag der »schönen Lori« wurde ebenso groß gefeiert wie sein eigener.

Prinz Eugen hatte in seinen späten Jahren Freude daran, sich »mit ziemlich guter Jagd zu belustigen«. Er nahm Einladungen seiner Freunde in deren Jagdschlösser in Mähren und Franken an und unternahm mit ihnen Jagdpartien in Göllersdorf und Halbthurn. Friedrich Karl von Schönborn zum Beispiel sprach die Einladung zur Jagd mit einem launigen Billet aus, »damit meine hochwürdigen Hasen, meine mutwilligen Hirsche, Fasanen und Rebhühner gleichförmig durch Dero gloriose Waffen auch möchten in das Jagd-Martyrologium versetzt werden«. Sobald Schloss Hof fertiggestellt war, konnte er seinerseits den Kreis seiner Freunde und Freundinnen in seine Jagdgründe im Marchfeld einladen.[11]

Im Frühjahr 1730 waren in Schloss Hof über 800 Arbeiter und Taglöhner beschäftigt. Dass Prinz Eugen die Beschäftigung so vieler Arbeiter auch als soziale Aufgabe betrachtete, beweist die Antwort, die er seinem Verwalter Sebastian Fux gab, als dieser vorschlug, einen Teil der Arbeiter zu entlassen, weil man so viele nicht brauche: »Meint Er, ich brauche vielleicht Ihn?«, schnauzte ihn der Prinz an, »Braucht man irgendeinen Menschen in der Welt? Wenn Er denkt, es sei gestattet, die Menschen verhungern zu lassen, die man nicht mehr braucht, so sage Er mir bloß, wer Ihn und mich vor dem Verhungern schützen soll.«[12]

Prinz Eugen hat der Nachwelt barocke Bauwerke hinterlassen, die in der Welt einzigartig sind. Unbestritten ist, dass sie von seinem ausgeprägten Schönheitssinn zeugen. Der »Bauwurm« ermöglichte es Prinz Eugen aber auch, tausenden Menschen Arbeit zu geben, das sicherte vielen seiner in Friedenszeiten arbeitslosen Soldaten Beschäftigung und Einkommen. Das rühmte sogar der Domprediger Peikhart in seiner Lob- und Trauerrede im Stephansdom: »Der arme Tagelöhner hatte bei ihm allen Schutz wider Armut und Müßiggang; dahero noch ganze Truppen derselben seinen Tod beweinen und ganz grimmig mit der Schaufel in das Erdreich stechen, welches ihnen einen so großen Wohltäter verschluckt hat.«[13]

[8]

Der Philosoph in Kriegsrüstung

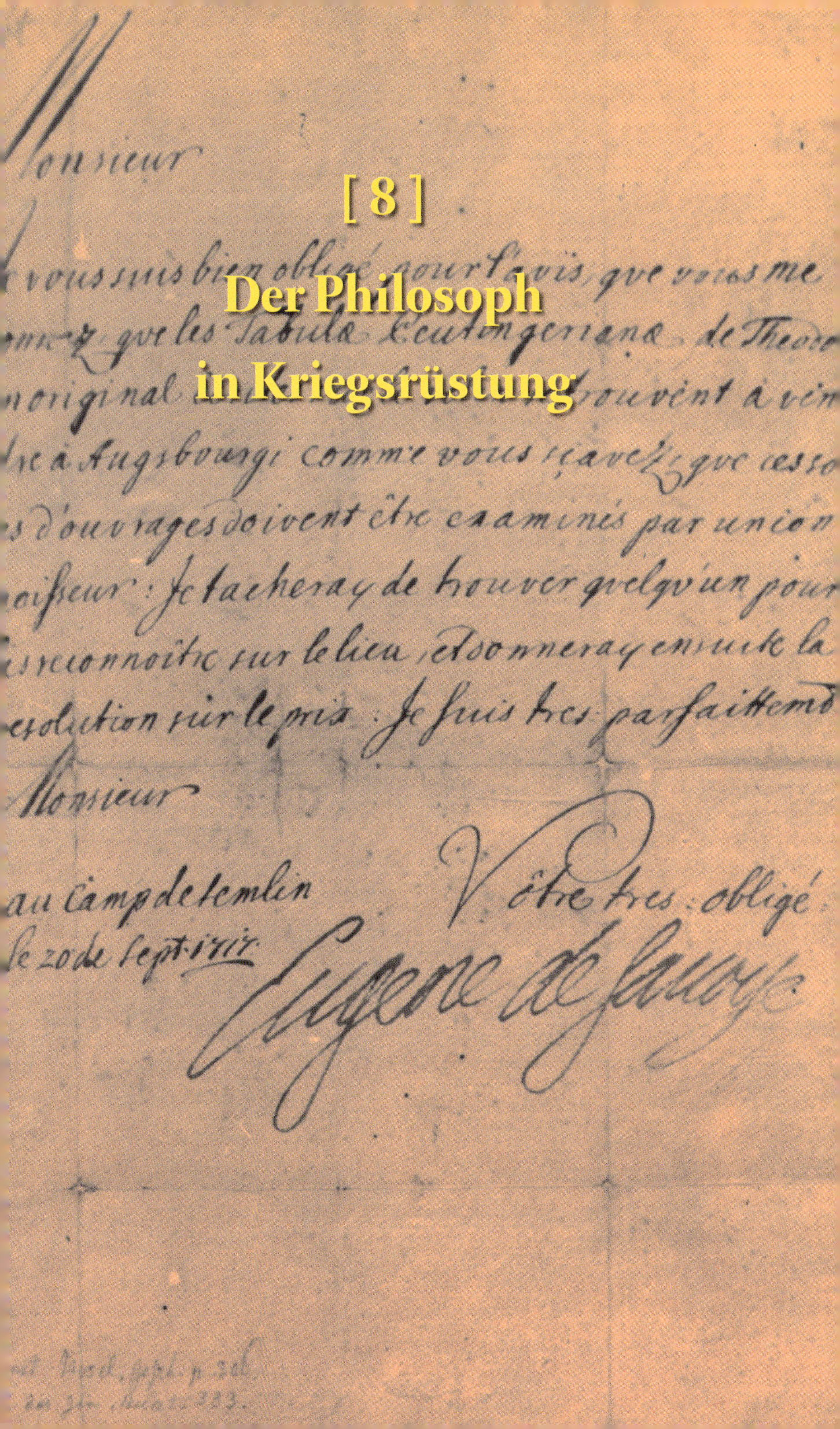
Monsieur

Je vous suis bien obligé pour l'avis que vous me donnez que les Tabula Peutingeriana de Theod[…] original […] se trouvent à vendre à Augsbourg; comme vous sçavez que ces sortes d'ouvrages doivent être examinés par un connoisseur: je tacheray de trouver quelqu'un pour les reconnoître sur le lieu, et donneray ensuite la resolution sur le prix: Je suis tres parfaitement

Monsieur

au Camp de Zemlin le 20 de Sept. 1717

Vôtre tres: obligé

Eugene de Savoye

*»Was auch immer kommen mag,
ich habe einen solchen Vorrat an
kostbaren Büchern, dass mir
niemals langweilig wird.«*

PRINZ EUGEN
ÜBER SEINE BIBLIOTHEK

Schloss Rastatt, 26. November 1713. Ein grauer, feuchter Herbsttag. Doch es war ein Tag, der von der Hoffnung auf Frieden überstrahlt wurde. Denn hier, an diesem Tag, begannen die Verhandlungen zur Beendigung des Spanischen Erbfolgekrieges, einem der grausamsten und blutigsten Kriege aller Zeiten.

Friedensverhandlungen auf Schloss Rastatt

Am frühen Nachmittag war Herzog Villars, der Vertreter von König Ludwig XIV., auf Schloss Rastatt eingetroffen. Prinz Eugen, der Abgesandte von Kaiser Karl VI., erschien eine Stunde später. Schon die Begrüßungszeremonie setzte einen pompösen Auftakt: Die Begleitung der beiden Kontrahenten, je 100 meist höchsten Adelskreisen angehörende Männer, nahm vor der großen Freitreppe Aufstellung. Der Franzose erwartete den Prinzen auf der Stiege. Er entschuldigte sich, wegen einer Lähmung nach einer Kriegsverletzung nicht herabsteigen zu können. Also stieg Prinz Eugen langsam und feierlich zu ihm hinauf. Die beiden Männer umarmten sich – und in diesem Moment ertönten Trompeten.

Die Verhandlungen dauerten von November bis März. Oft wurde stundenlang um Details gerungen. Oft stagnierten die Gespräche oder drohten zu kippen, oft liefen sie aber auch Gefahr, überhaupt abgebrochen zu werden. Prinz Eugen befand sich am Höhepunkt seiner Karriere als Diplomat und als Staatsmann. Er erwies sich auch am Verhandlungstisch als überlegener Stratege. Sein Gegner verstrickte sich oft in »wunderliche« Aussagen, er hatte die Gewohnheit, von allerlei Dingen durcheinander zu sprechen und es mit der Wahrheit nicht immer ganz ernst zu nehmen. Prinz Eugen hingegen zeigte immer Ernst und Würde, er verstand es, seine Linie klar zu vertreten und gab sich überaus liebenswürdig und höflich. Auch bei den abendlichen Geselligkeiten, bei denen die einst erbitterten Gegner Wein tranken und Karten spielten – auf Piquet allerdings wurde nach einigen Wochen verzichtet, es war zu nervenaufreibend und die verlorenen Geldsummen hatten schon astronomische Höhen erreicht.

Herzog Villars und Prinz Eugen saßen sich bereits in Baden am Verhandlungstisch gegenüber, 1713 begannen dann die Verhandlungen in Rastatt.

Tag für Tag ritten Kuriere mit Depeschen nach Paris und Wien. Sowohl der König als auch der Kaiser wurden minutiös über jedes Detail der Verhandlungen informiert. In ihren Briefen versäumten es weder der Prinz noch der Herzog, ihre Kontrahenten ganz genau zu beschreiben, bis hin zu den tiefen Sorgenfalten auf der Stirn oder dem betrübten Blick. So äußerte Villars einmal: »Wir sind hier, der Prinz und ich, in einer engen persönlichen Verbindung, sein Charakter kennt keine Verstellung, und er sagt mir ganz frei seine Meinung.«[1] Ein anderes Mal zeigte er große Bewunderung für die umfassende Bildung seines Kontrahenten. Voll Anerkennung und Respekt lobte er sowohl sein theologisches als auch sein philosophisches Wissen.

Soziale Missstände

Tatsächlich war Prinz Eugen so etwas wie ein Universalgenie. Der Mann, der in seinen Feldzügen so viel an Blut und Leid, an

Grausamkeit und Brutalität gesehen, der Jahre seines Lebens in quietschenden Kutschen, in staubigen Feldlagern und in fremden, düsteren Schlössern zugebracht hatte, war ein ausgesprochener Ästhet. Er umgab sich mit schönen Dingen, sammelte alles, was elegant und kostbar war, las und setzte sich mit größtem Interesse mit neuen Ideen und Gedanken auseinander. Und das in einer Zeit, die für den Großteil der Menschen alles andere als angenehm war.

In der ersten Hälfte des 18. Jahrhunderts ging es in Wien nur einem verschwindend kleinen Teil der Bevölkerung gut. Der weitaus größere Teil der Menschen lebte in äußerst beengten Verhältnissen. Die Stadt besaß kein Kanalsystem, es war üblich, jede Art von Unrat flugs ins Rinnsal vor der Haustüre zu werfen, Tierkadaver inklusive. Diese Art der Müllbeseitigung war zwar praktisch, auf längere Sicht aber höchst gefährlich. Der Unrat gelangte ins Grundwasser und führte dazu, dass die Brunnen regelrecht vergiftet waren. Dass sich bei solchen Zuständen Infektionskrankheiten wie Pest und Cholera als wahre Epidemien ausbreiten konnten, war nur eine logische Folge.

In den Luxuspalais des Adels waren die hygienischen Missstände zwar nicht so krass, aber auch hier war der Alltag alles andere als angenehm. Man übte sich nach außen hin in »courtoisie« und pflegte geschliffene Umgangsformen, hinter dieser glänzenden Fassade dominierten aber auch in Wien ähnlich wie am französischen Hof Intrige und Korruption, Spionage und Privilegienwirtschaft, Alkohol und eine hemmungslos ausgelebte Erotik.

Die Vergnügungen, Unterhaltungen und pompösen Feste des Kaisers waren Prinz Eugen höchst unangenehm. So oft es ihm nur irgendwie gelang, vermied er es, daran teilzunehmen. Glanzvolle Feste gab er lieber selbst, die »société« Wiens war in seinen Palais immer wieder zu Gast. Weitaus lieber waren ihm aber kleine und große Essen, die ihm Gelegenheit boten, Gespräche mit Geistesgrößen, Dichtern oder Künstlern seiner Zeit zu führen.

Prinz Eugen im Gespräch mit dem Philosophen Gottfried Wilhelm Leibniz, den er zutiefst bewunderte – die Frage, ob er ihn auch verstanden hat, bleibt offen.

Gedankenaustausch mit Gottfried Wilhelm Leibniz

Der in Frankreich aufgewachsene Prinz mit italienischen Wurzeln blieb dem romanischen Kulturkreis Zeit seines Lebens verbunden. Dass er mit dem führenden deutschen Denker seiner Zeit in Kontakt war, erfüllte ihn dennoch mit größtem Stolz. Gottfried Wilhelm Leibniz, Schöpfer der Monadenlehre, Philosoph der »besten aller möglichen Welten« und bedeutender Rechtsgelehrter, hatte den aus Rastatt zurückgekehrten »Friedensbringer« in Wien mit einem in lateinischer Sprache verfassten Gedicht geehrt. In den Sommermonaten 1714 trafen sich der Philosoph und der Prinz dann mehrmals zu langen Gesprächen. Man unterhielt sich viele Stunden, dabei regte Leibniz immer wieder die Realisierung seines Herzenswunsches an, die Gründung einer Akademie der Wissenschaften in Wien.

Um dem Prinzen seine Philosophie näher zu bringen, schrieb Leibniz eigens für ihn eine Zusammenfassung seiner wichtigsten Ideen, die »Principes de la nature et de la grâce fondés en raison«, und widmete sie ihm gemeinsam mit den Texten dreier schon früher erschienener Abhandlungen und einer weiteren schriftlichen Arbeit. Prinz Eugen fühlte sich durch dieses Geschenk unendlich geehrt. Er verschloss das Manuskript in einer kostbaren Kassette und gestattete nicht einmal Bonneval, mit dem er damals noch eng befreundet war, eine Abschrift anzufertigen. Dieser ätzte später in einem Schreiben, dass es der Prinz, wie die Priester in Neapel das Blut des heiligen Januarius, nur zum Küssen vorzeige und dann wieder einpacke.

So sehr Prinz Eugen Leibniz auch bewunderte, ob er ihn verstanden hat, wurde später oft bezweifelt. Möglich auch, dass ihn die kühle deutsche Logik des Denkers und seine allzu rasch vorgetragenen Theorien verwirrten. Aus der Akademie der Wissenschaften jedenfalls wurde nichts. Sie durch eine Stempelsteuer zu finanzieren, erwies sich als undurchführbar. Leibniz starb 1716 und mit ihm auch der Plan einer Akademie.

Unterstützung von Jean-Baptiste Rousseau

Mit französischen und italienischen Künstlern hingegen fand sich Prinz Eugen auf Anhieb auf einer Linie. Sein Lieblingsdichter war der Franzose Jean-Baptiste Rousseau. Er hatte in Paris durch eine Reihe eleganter Gedichte und Oden große Bekanntheit erlangt, war 1710 aber auf Grund satirischer Couplets verbannt worden. Er hatte sich in die Schweiz abgesetzt und dort bei dem französischen Botschafter du Luc Aufnahme gefunden. 1715 wurde dieser nach Wien versetzt, in seinem Schlepptau kam

Der Dichter Jean Baptiste Rousseau gewann Prinz Eugens Zuneigung – auf ein einträgliches Amt allerdings hoffte er ebenso wie zuvor Bonneval vergeblich.

der »Liebling des Parnass«, wie ihn Zeitgenossen nannten, in die Kaiserstadt. Als du Luc seinen Antrittsbesuch bei Prinz Eugen absolvierte, war Rousseau dabei. »Der Prinz begegnete mir mit außerordentlicher Güte, und seine erste Unterredung mit dem Botschafter drehte sich beinahe nur um mich. Unter uns gesagt, ich könnte bei ihm bleiben, wenn ich wollte«, schrieb er danach begeistert an einen Freund.[2]

Rousseau war in den folgenden Monaten oft zu Gast im Palais in der Himmelpfortgasse. Der Prinz überschüttete ihn mit Aufmerksamkeiten und Liebenswürdigkeiten, und der Dichter revanchierte sich mit schönen Worten. Er prägte das Wort »philosophe guerrier«, oder »Philosoph im Kriegermantel«. Als Prinz Eugen neuerlich gegen die Türken in den Krieg zog, lobte er ihn in Gedichten und großen, barocken Oden. Prinz Eugen, der immer allergisch auf Schmeicheleien reagiert hatte, fühlte sich diesmal geehrt, zwei Tage vor der Schlacht von Peterwardein übersandte er Rousseau einen wertvollen Diamantring, später schickte er ihm auch Geld.

Rousseau blieb in Wien zurück, als du Luc 1717 nach Frankreich zurückkehrte. Er hoffte, sein neuer Gönner würde ihn mit einem lukrativen Amt versorgen und so seine Zukunft absichern. Prinz Eugen wollte so ein Amt in den Niederlanden ausfindig machen. Dann aber verschob er seine Reise dorthin immer wieder, Rousseau musste alleine reisen, ausgestattet allerdings mit den besten Empfehlungen. Nun war Prinz Eugens Stellvertreter Prié gefordert, für ihn ein entsprechendes Amt zu finden, aber auch er scheiterte an dieser Aufgabe.

1724 tauchte in den Niederlanden der aus ähnlichen Gründen von Prinz Eugen enttäuschte Bonneval auf. Rousseau schlug sich auf seine Seite, stand ihm mit seiner spitzen Feder zur Verfügung und hatte so einen gewissen Anteil an der späteren Staatskrise. Anders als bei Bonneval reagierte Prinz Eugen auf Rousseaus Vertrauensbruch nicht mit erbitterter Feindschaft. Er blieb weiter in brieflichem Kontakt mit ihm. Geholfen hat das Rousseau nicht wirklich. Zu einem Amt in den Niederlanden ist er nie gekommen.

Briefwechsel mit Voltaire und Bekanntschaft mit Montesquieu

Der Beziehung zu Rousseau verdankte Prinz Eugen den Kontakt mit einem der bedeutendsten Dichter seiner Zeit, mit Voltaire. Persönlich hat er ihn zwar nie kennen gelernt, er führte mit ihm aber einen angeregten Briefwechsel. Nach der Schlacht von Peterwardein widmete Voltaire 1716 dem »großen Prinzen« eine Epistel, später setzte er ihm in seiner Schrift über das Jahrhundert Ludwigs XIV. ein Denkmal, indem er ihn einen Heros in Krieg und Frieden nannte. Das Interesse des Prinzen muss Voltaire geehrt haben, denn 1719 übersandte er ihm seine Ödipus-Tragödie. Der Prinz antwortete ihm sogleich, dass er weiteren Werken dieses bedeutenden Autors mit Freude entgegensehe. Als bei Prinz Eugen dann aber Voltaires erster Entwurf zu seiner »Henriade« eintraf, das große Epos über den toleranten König Heinrich IV. von Frankreich, war die Freude nicht mehr so groß. Über dieses Werk äußerte sich Prinz Eugen sehr kritisch. Möglich, dass dies auch der Grund dafür war, dass sich in seiner sonst so umfangreichen Bibliothek später nur wenige Werke Voltaires fanden.

Persönliche Bekanntschaft hingegen machte Prinz Eugen mit dem französischen Schriftsteller und Rechtsgelehrten Montesquieu. Er war 1721 mit der Veröffentlichung seiner »Persischen Briefe«, einem kühnen und mutigen Schlüsselwerk der Aufklärung, über Nacht berühmt geworden. 1728 wurde er in die Académie française gewählt, danach begab er sich auf eine dreijährige Bildungsreise, die ihn auch nach Wien führte. Bald war er gern gesehener Gast bei den Konversations- und Spielabenden des Prinzen und zeigte sich tief beeindruckt von dessen hoher Bildung. Später vermerkte Montesquieu in einem Schreiben, in der Kaiserstadt Wien seien die beiden wichtigsten Feldherren auch die bedeutendsten »hommes de lettres«. Dass er in diesem Zusammenhang ausgerechnet Guido Starhemberg nannte, schmerzte Prinz Eugen natürlich.

Der Sammler Prinz Eugen

Prinz Eugen war ein begeisterter Sammler. In den Vitrinen seines Gartenpalais zeigte er kostbares Porzellan und Elfenbeinarbeiten. In den Nischen der Marmorgalerie seines Gartenpalais konnte er seinen Besuchern mit seinen vier antiken Statuen einen ganz besonderen Schatz präsentieren. Den »Betenden Knaben«, vermutlich eine Schöpfung des Boidas aus dem 4. Jh. v. Chr., hatte Prinz Eugen von einem Pariser Kunsthändler gekauft, er stammte aus dem Nachlass des berühmten, von Ludwig XIV. gestürzten Ministers Fouquet. Die drei weiblichen Marmorfiguren aus Herculaneum, die »Herculanerinnen«, waren ein Geschenk des Prinzen von Elboeuf. Dieser hatte sie auf seinem Landsitz bei Neapel gefunden – und das Jahre, bevor das Interesse an der Antike erwachte und die ersten Archäologen begannen, in Herculaneum und Pompeji zu graben.

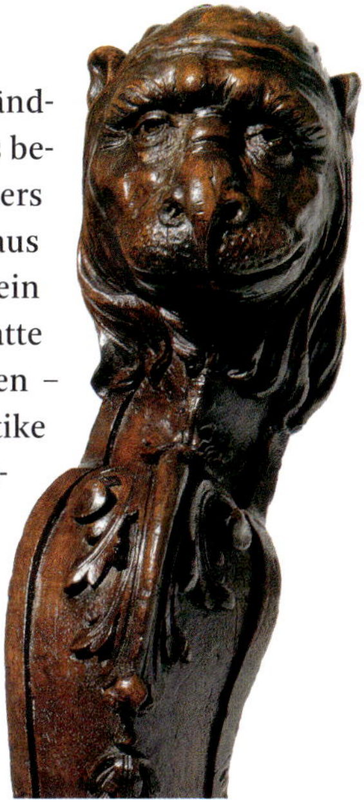

Prinz Eugen liebte aus edlen Materialien gefertigte Möbel und kostbare Stoffe. Um genau das Material für Kamine oder Tischplatten zu bekommen, das er sich vorstellte, führte er umfangreiche Korrespondenzen. Mit der Ausgestaltung seiner Palais und Gärten beauftragte er die berühmtesten Maler und Bildhauer seiner Zeit, das machte ihn zu einem bedeutenden Mäzen.

Zu einer wahren Leidenschaft entwickelte sich für ihn aber der Kauf von Büchern. Seine Sammlung wuchs beständig, und er verließ sich dabei nicht nur auf eigene Vorlieben. Aus Paris hatte Prinz Eugen einen Fachmann engagiert, den Buchbinder Étienne Boyet. Für eine Jahrespension von 1500 Livres, Kost und Logis übernahm er die verantwortungsvolle Aufgabe, für die Bibliothek zu sorgen.

Bald begann der systematische Ankauf von Handschriften, kostbaren Inkunabeln, zeitgenössischer Literatur und philosophischen und theologischen Werken. Prinz Eugens Berater beauftragten literarische Agenten in ganz Europa, Kataloge durchzusehen, Versteigerungen zu besuchen, den aktuellen Buchmarkt zu beobachten und sofort Nachricht zu geben, sobald bibliophile Raritäten auftauchten. Bald trafen in der Himmelpfortgasse Bücherkisten aus den unterschiedlichsten Ländern ein. Und tausende von Gulden wechselten ihren Besitzer.

Die Bibliothek

Eine der interessantesten Erwerbungen war die Tabula Peutingeriana, die mittelalterliche Kopie der einzig erhaltenen römischen Straßenkarte aus dem vierten Jahrhundert. Prinz Eugen befand sich nach der Eroberung von Belgrad gerade im Feldlager von Semlin, als er von der Möglichkeit dieses Ankaufes erfuhr. Rasch diktierte er Anweisungen zur genauen Überprüfung des hoch interessanten Stückes. Als es schließlich für 100 Dukaten in seinen Besitz überging, durfte er sich glücklich schätzen, das einzige Dokument in Händen zu halten, das Aufschluss über Straßen und Ortsnamen der Römerzeit gab. Jetzt hatte er die Routen vor sich, auf denen die römischen Legionen nach Norden marschiert waren.

Die Tabula Peutingeriana, die Prinz Eugen einst für 100 Dukaten erwarb, befindet sich heute in der Nationalbibliothek in Wien.

Étienne Boyet sorgte dafür, dass sämtliche Bände der Bibliothek mit Goldschnitt versehen, gebunden und mit dem Wappen des Savoyers geschmückt wurden. Der inzwischen in Istanbul zu Achmet Pascha mutierte Bonneval verbreitete am Hof des Sultans zwar, Prinz Eugen hätte seine Bücher in Leder aus der Haut gefangener Spahi und Janitscharen binden lassen, das war aber nur ein Gerücht. Boyet verwendete feinstes Maroquin- und Kalbsleder, und er erfand ein Farben-Leitsystem. In dunkelrotes Leder band er die Bücher zum Thema Geschichte und Literatur, in blaues Bücher zum Thema Theologie und Rechtswissenschaften und in dunkelgelbes den umfangreichsten Bestand, die Bücher zum Thema Naturwissenschaften.

Boyet und seine Ratgeber haben ihre Arbeit gut gemacht. Im Laufe der Jahre wuchs Prinz Eugens Bibliothek auf 15 000 Bände an, sie umfasste das gesamte Wissen der Epoche. Allein 200 Bände nahm die Porträtsammlung ein, dazu kamen 500 Bände und Kassetten mit Kupferstichen, Handzeichnungen und Miniaturen und 240 alte Handschriften. Zu den kostbarsten Werken zählten Atlanten, frühe Bibeldrucke, Weltgeschichten und gemalte Chroniken. Prinz Eugen gefiel sich dabei, seine Schätze vor Besuchern auszubreiten, er erlaubte es seinen Gästen auch immer wieder, in großen, schönen Bänden zu blättern. Darüber hinaus nahm er sich aber auch die Zeit, selbst in seinen Büchern zu lesen. »Was immer auch vorkommen mag, ich habe einen solchen Vorrat an ausgezeichneten Büchern, dass mir niemals langweilig werden kann«, sagte er einmal. Das bestätigte auch Rousseau, der dem Prinzen übrigens oft Ratschläge zu Bücherkäufen gab: »Höchst bemerkenswert ist, daß es kaum ein Buch darin gibt, das der Prinz nicht gelesen oder zumindest durchgesehen hat. Es ist kaum zu glauben, daß ein Mann, der fast allein eine solche Last für ganz Europa trägt, der des Kaisers Feldmarschall und Premierminister ist, die Zeit finden kann, beinahe ebenso viel zu lesen wie jemand, der nichts zu tun hat.«

Die Gemäldesammlung

Die Gemäldesammlung des Prinzen war nicht ganz so umfangreich wie seine Bibliothek. In einem nach seinem Tod erschienen Katalog werden 175 Bilder angeführt, es wird aber vermutet, dass sie rund 400 Meisterwerke umfasste. Ein großer Teil davon stammt von zeitgenössischen Malern, die der Prinz gefördert hat. Ihre Werke dienten in erster Linie zur Ausstattung seiner Palais. Eindeutig bevorzugt hat er italienische Künstler, und da vor allem die Schule von Bologna mit Chiarini, Fanti, Paltronieri, Cignani, Crespi, Gennari und Burrini. Aber auch der Mailänder Manzani, der Oberitaliener Carlone oder der Neapolitaner Solimena standen bei ihm hoch in Kurs.

Zusätzlich zu den selbst in Auftrag gegebenen Werken kaufte Prinz Eugen bewusst Werke für seine Gemäldesammlung an. Für das »Bilderkabinett« des unteren Gartenpalais und den »Bildersaal für große Schildereien« im oberen Gartenpalais waren zwar auch die Werke zeitgenössischer Künstler bestimmt, den Schwerpunkt sollten aber alte Meister bilden. Zum Ankauf von Bildern begab er sich oft selbst in Galerien, ein zeitgenössischer Stich zeigt ihn sogar auf Knien vor einem alten Gemälde. Der Prinz führte aber auch umfangreiche Korrespondenzen mit Kunsthändlern und Galeristen, oft befiel ihn ein regelrechtes Jagdfieber, er kämpfte monatelang um ein Werk, feilschte, bot Provisionen, schaltete Mittelsmänner ein. Schließlich besaß er Werke von berühmten Meistern wie Hans Holbein, Erasmus von Rotterdam, Van Dyck und den Brueghels.

Ein eigenes Kapitel sind die Schlachtenbilder. Während der Friedensverhandlungen in Rastatt schrieb Prinz Eugen seinem Sekretär Mandacher, er habe dem »Maler, so die Bataillen macht«, erlaubt, nach Wien zu kommen, doch solle Mandacher vorher mit ihm »die Sachen ausmachen, daß er nicht zu viel begehre«.[5] Über das Honorar ist offenbar Einigkeit erzielt worden, denn der aus Haarlem stammende Maler Jan van Huchtenburg schuf zehn große Schlachtenbilder, die später die Wände von Schloss Hof schmückten. Huchtenburg gab die Motive später auch als Stiche

Der »Schlachtenbildersaal« im einstigen Winterpalais des Prinzen. Das Zentrum bildet die monumentale »Schlacht von Turin«.

in einem Prachtband über die Siege des berühmten Feldherren heraus. Auf Grund seiner Vorlagen schuf Jacques Ignace Parrocel die monumentalen Schlachtenbilder für das Stadtpalais des Prinzen.

Die Sammlungen und die vielen schönen und wertvollen Dinge, mit denen sich Prinz Eugen umgab, dienten ihm zu einem guten Teil als Spiegel für seinen Erfolg und seinen Reichtum. Sie waren aber mehr als der Pomp eines Neureichen. Prinz Eugen hat die Kunst aus tiefster Seele geliebt und geachtet. Das beweist eine Begebenheit in seinem Gartenpalais. Prinz Eugen hatte zu einem großen Fest geladen. Derjenige, der im erlesensten Kostüm erscheine, solle einen wertvollen Preis erhalten, hatte er angekündigt. Ein Herr des Hochadels kam in einem schlichten, weit wallenden Mantel. Als er ihn aufschlug, war das Erstaunen groß: Als Futter diente ein dem Mantelschnitt angepasstes wertvolles Gemälde von Correggio. Prinz Eugen reagierte mit blankem Ent-

Beeindruckende 230 cm hoch ist die »Apotheose des Prinzen Eugen«, die der damals schon betagte Bildhauer Balthasar Permoser ab 1718 schuf.

setzen auf die barbarische Zerstörung eines Kunstwerkes. Er verwies den Banausen aus dem Kreis seiner Freunde – nachdem er ihm den Preis ausgehändigt hatte.[6]

Denkmäler

Prinz Eugen ein bleibendes Denkmal zu setzen, war seinen Zeitgenossen ein Anliegen. Er wurde oftmals porträtiert, aus Anlass seiner Siege und Erfolge erschienen Gedenkmedaillen. Bald nach der Eroberung von Belgrad plante die Stadt Rom, eine Statue von ihm aufzustellen. Prinz Eugen winkte ab, das sei eine »vanité«. Und doch scheint ihn die Idee von einer künstlerischen Darstellung seiner Person nicht losgelassen zu haben. 1718 beauftragte er den zu diesem Zeitpunkt bereits 70-jährigen Bildhauer Balthasar Permoser aus Salzburg damit, ein Bildwerk aus Marmor zu schaffen. Permoser erhielt sogleich eine stattliche Anzahlung auf sein Honorar und einen Gipsabdruck vom Kopf des Prinzen als Vorlage für seine Gesichtszüge – Eile aber legte er nicht an den Tag. Erst nachdem Prinz Eugen einen Vermittler eingeschaltet hatte, »um den allzu langsam arbeitenden Bildhauer von Zeit zu Zeit zu drängen, ohne ihn jedoch zu verdrießen«[7], und ein zweiter Vorschuss bezahlt worden war, kam die Arbeit in Schwung. 1721 endlich reiste der Meister mit seinem Werk nach Wien, um es zu präsentieren.

Permosers Apotheose, seine »Verherrlichung«, stellt den Prinzen mit Allongeperücke und im Harnisch dar, wie er, ausgestattet mit den Symbolen des Herkules, auf dem Rücken eines gequälten Türken emporsteigt – dieser trägt übrigens die Züge Permosers, der sich durch diesen Auftrag ebenfalls gequält gefühlt haben mag. Eine geflügelte Nike hält ihm die Sonne des ewigen Ruhmes vor das Angesicht, Fama bläst in eine Posaune, deren Mündung der Prinz jedoch bescheiden zuhält, und wohlgenährte Putten umschwärmen seinen Rücken.

Das Kunstwerk hat auf Anhieb Kritik ausgelöst. Am schärfsten reagierte Bonneval, er spuckte Gift und Galle: Eugens »schlichte Bescheidenheit habe ihn dazu gebracht, sich seine eigene Statue zu weihen, umgeben von Putten, von denen einige seinen Hintern streicheln, seinen Arsch kratzen, während andere auf seine Schultern klettern, um seinen Mund zu küssen: eine Bescheidenheit, die ihn auch nötigte, eine Unzahl von Gelehrten zu Rat zu ziehen, welche Inschrift man darauf setzen könnte, oder ob er sich begnügen solle, einfach einige von denen, die für Alexander, Cäsar oder andere Heroen verfaßt wurden, als Muster zu nehmen.«[8]

Die lateinische Inschrift weist Prinz Eugen, Ritter des Goldenen Vlieses, als obersten Heerführer Kaiser Karls VI. und des Heiligen Römischen Reiches aus – »invictissimus«, »der Unbesiegbarste«. Der so Gefeierte selbst scheint mit dem Kunstwerk nicht unzufrieden gewesen zu sein. Er ließ es im Offiziersspeisesaal seines oberen Palais aufstellen. Mittlerweile ist Permosers eindrucksvollstes Werk im Spiegelsaal des Unteren Belvedere gelandet und kündet dort barock und üppig vom ewigen Ruhm des großen Feldherren.

[9]

Das Erbe des »Edlen Ritters«

»Seine Durchlaucht sind entschlafen!«

SCHRECKENSMELDUNG ANNO 1736

Um die Jahreswende 1731/32 laborierte Prinz Eugen wieder an seinem schlimmen Katarrh. Er hatte Fieber, seine Bronchien und Lungen waren angegriffen, aber er erholte sich. Im Mai 1732 empfing er den französischen Gesandten Bussy noch in Audienz, und dieser vermerkte, er habe wie immer »trocken, kurz, laut, endgültig und in großem Überblick«[1] gesprochen. Wenige Wochen später aber verschlechterte sich sein Gesundheitszustand rapid, er verfiel körperlich, litt wie schon oft zuvor unter Husten- und Ischiasanfällen, zeigte zusätzlich aber auffallende Gedächtnislücken und beharrte oft starrsinnig auf seiner Meinung. Viele Symptome wiesen darauf hin, dass er einen Schlaganfall erlitten hatte. Und wirklich schien es so, als fiele der früher so dynamische, vor Energie sprühende Mann immer mehr in sich zusammen.

Altersbeschwerden

Dass die engste Dienerschaft immer öfter »wieder einmal ihre liebe Not mit der Halsstarrigkeit der maladen Durchlaucht«[2] hatte, war die eine Seite. Die andere aber war, dass er trotz seines offenkundigen Verfalls von sich aus von seinen Ämtern nicht zurücktrat. Er blieb Präsident des Hofkriegsrates und erster Berater von Kaiser Karl VI. In beiden Funktionen gab er immer öfter wirre Anweisungen und traf Fehlentscheidungen, und sein letzter Kriegszug gegen die Franzosen brachte am Rhein auch nicht den gewünschten Erfolg. Der Kaiser beobachtete das alles mit größter Sorge, um ihn nicht zu kränken, enthob er den einst so verdienstvollen Prinzen seiner Ämter aber nicht. Im Gegenteil. Er nahm geradezu rührend Anteil an seinem Gesundheitszustand. Einmal schrieb er ihm, er hoffe, »daß Euer Liebden ganz gesund und gerade von Hof werden zurückgekommen sein, auch daß die Schiata (welche mir große Sorgen gemacht) völlig wird vergangen sein«.

In Schloss Hof hielt sich Prinz Eugen zum letzten Mal im Spätherbst 1735 auf. Er empfing Franz Stephan von Lothringen, den späteren Gemahl Maria Theresias. Während sich dieser im

Marchfeld und auf dem Schloss aber offensichtlich sehr wohl fühlte und seinen Aufenthalt genoss, fand sein Gastgeber kaum Erholung und Entspannung. Nach seiner Rückkehr notierte Gräfin Fuchs, die Obersthofmeisterin Maria Theresias: »Unser Prinz Eugen ist zurückgekommen, wie er fortgefahren ist, das heißt, geschwächt im Geist und auch am Körper. Er hatte einige Tage auf seinem Landgut verbracht, umgeben von einer großen Gesellschaft, die sich Mühe gab, ihn aufzumuntern mit Maskeraden und allerlei Kinderspielen, die eher zu der Schwäche seines hohen Alters als zu seinem Charakter paßten.«[3]

Um die Jahreswende 1735/36 verschlechterte sich Prinz Eugens Zustand dramatisch. Man rechnete jeden Tag mit seinem Ableben. Am 12. Februar konnte die Vermählung von Erzherzogin Maria Theresia mit Stephan von Lothringen dennoch ungetrübt über die Bühne gehen. Und dann schien sich der Prinz zu erholen. Er stand jeden Tag auf, ließ sich ankleiden, empfing Gäste und erledigte seine Geschäfte eifrig, obwohl er, wie Zeitgenossen berichteten »das Gedächtnis verloren und in seinem Kopf sehr geschwächt« war.[4]

Tod und Abschied

Auch der 20. April 1736 verlief ganz normal. Ein Amtsgeschäft verschob er zwar mit dem Hinweis »wenn ich anders noch lebe« auf den nächsten Tag, zu Mittag aß er aber mit Gästen, und abends spielte er in seinem Stadtpalais wie immer in Anwesenheit der Gräfin Batthyány Piquet. Mit der Zeit wurde er immer einsilbiger und ließ aus Atemnot den Mund offen stehen. Starrsinnig wie immer verweigerte er das vom Arzt verordnete Medikament, dann ließ er sich gegen neun Uhr zu Bett bringen. So, wie sie ihn gebettet hatten, fanden ihn seine Diener in der Früh tot vor. Als Todesursache konstatierten die Ärzte »Lungelsucht«. Die Botschaft »Seine Durchlaucht sind entschlafen!« verbreitete sich in der Kaiserstadt wie ein Lauffeuer.

Drei Tage lang hatten die Wiener Gelegenheit, von ihrem »Türkenbezwinger« Abschied zu nehmen. Er war in seinem Stadt-

Das »Castrum doloris«, das Trauergerüst des Prinzen Eugen, das nach einem Entwurf von Johann Lukas von Hildebrandt im Stephansdom errichtet wurde.

palais aufgebahrt, auf einem Paradebett unter schwarzem Baldachin im Saal mit den Schlachtenbildern. Auch sein Begräbnis war ein Großereignis. Zwei Stunden lang bewegte sich der Trauerzug unter dem Geläute aller Kirchenglocken vom Palais in der Himmelpfortgasse durch die Stadt zur Hofburg und dann zum schwarz verhangenen Stephansdom. Dort wurde der Prinz in der Kreuzkapelle links vom Eingang zur letzten Ruhe gebettet. Sein Herz allerdings kam nach Turin, dort wurde es in der Grabkirche des Hauses Savoyen beigesetzt.

Streit um das Erbe

Nach Prinz Eugens Tod begannen heftige Turbulenzen um sein Erbe. Er hatte zwar ein Testament hinterlassen, das seinen Großneffen Eugen als Generalerben einsetzte, dieser war jedoch 1734 gestorben. Und danach war Prinz Eugen zu krank oder zu hinfällig gewesen, um neue Entscheidungen zu treffen. Georg Gottfried Koch, sein Generalverwalter, der ihm praktisch sein Leben lang gedient hat und der ihm oft auch Berater war, und dessen Sohn Ignaz berichteten, ein neues Schriftstück sei aufgesetzt, aber nie unterschrieben worden. Vorgesehen sollen Legate für seine Diener gewesen sein, 500 000 Gulden hätten in eine Stiftung für das Wiener Invalidenhaus fließen sollen, »weil er das Seinige durch Soldaten erworben«, und als Universalerbe wäre der Kaiser vorgesehen gewesen.[5]

Da kein aktuelles Testament dieses Inhalts vorhanden war, kam alles ganz anders. Eine Kommission wurde gebildet und diese kam zu folgendem Schluss: Die Besitzungen in Ungarn sollten an das Kaiserhaus zurückgehen, alles andere aber, die Palais in Wien und im Marchfeld, ihr kostbares Inventar, die Bibliothek, die Gemäldesammlung und die Kunstschätze, die Bankkonten und das Bargeld, alles, alles sollte Prinz Eugens Nichte Victoria erben, die Tochter seines ältesten Bruders, der letzte Spross des Hauses Savoyen-Soissons.

Victoria war zu dem Zeitpunkt, als die Lawine des Reichtums über sie hereinbrach, bereits 52 Jahre alt. Ihren Onkel hatte sie zuletzt 1706, nach der Schlacht von Turin, gesehen. Auseinandergesetzt hat sich Prinz Eugen mit ihr dennoch. Nachdem er erfahren hatte, dass die Unverheiratete sich Freiheiten nahm, die mit »Wohlanständigkeit« nicht zu vereinbaren waren, ließ er sie überwachen und riet ihr schließlich wie sämtliche anderen Mitglieder des Hauses Savoyen, sich ins Kloster zurückzuziehen. Diesem Rat folgte sie und ging 1719 als weltliche Dame ins Kloster Chambéry in Savoyen. Ihren Onkel kontaktierte sie lediglich, um von ihm Geld zu fordern.

Scandale grande: Josef Friedrich von Sachsen-Hildburghausen heiratete Victoria, die um 20 Jahre ältere Generalerbin Prinz Eugens.

Die unwürdige Erbin

Noch im Juli 1736 traf Victoria in Wien ein. Sie kam noch zu den Trauerfeierlichkeiten zurecht, die lang nach dem Begräbnis im Stephansdom abgehalten wurden. Logis nahm die Erbin des ungeheuren Vermögens – Prinz Eugen galt immerhin als der reichste Privatier seiner Zeit – im Gartenpalais am Rennweg. Des großen Erbes würdig erwies sie sich allerdings nicht. Victoria war schon bald in aller Munde, von den niedrigsten bis in die höchste Kreise wurde über sie geklatscht und getratscht, auf sie wurden Possen gerissen, sie war das Ziel beißender Satiren und Pamphlete.

Ein Ereignis schlug dem Fass vollends den Boden aus: Am 15. April 1738 heiratete Victoria in Schloss Hof Josef Friedrich von Sachsen-Hildburghausen, einen feschen Draufgänger, der völlig mittellos nach Wien gekommen und in der kaiserlichen Armee rasch aufgestiegen war. Durch Witz und Charme war es ihm gelungen, das junge Kaiserpaar, Franz Stephan von Lothringen und Maria Theresia, für sich zu gewinnen. Dass er um 20 Jahre jünger war als seine Braut Victoria, löste bei den Wienern Spott und Hohn aus.

Der »Hilpertshausen«, wie er oft abfällig genannt wurde, kümmerte sich wenig um das Gerede. Nicht genug damit, unterhielt er seine Kameraden im Feldlager noch vor der Hochzeit mit Spott und anstößigen Reimen über seine »alte« Braut. Schon im Ehekontrakt ließ er sich 300 000 Gulden und das Verfügungsrecht über Schloss Hof zusichern. Das war zwar ein perfektes Startkapital für den Lebemann, zufrieden aber gab er sich damit nicht, er witterte noch reichere Beute. Nicht nur, dass er alles nur Erdenkliche zu Geld machte, Gemälde und Kunstgegenstände in großem Ausmaß verscherbelte und zahlreiche unersetzbare Wertgegenstände einfach verschenkte, versuchte er auch, Victoria auszupressen wie eine Zitrone. Sechs Jahre dauerte die Ehehölle, in der er arrogant, unbeherrscht und brutal immer höhere Forderungen stellte.

»Sechs Jahre Leiden sind eine sehr harte Buße, ich lebe mit einem Prinzen, der mich nur meines Besitzes wegen genommen hat, was er auch gar nicht leugnet, nichts habe ich von ihm empfangen, als Zeichen von Verachtung und Haß, die das, was meiner Herkunft gebührt, nicht berücksichtigen«, klagte Victoria 1753 dem König von Sardinien.[6] Kaiserin Maria Theresia gelang es schließlich, den Qualen ein Ende zu bereiten, sie erwirkte die Scheidung. Victoria kehrte nach Turin zurück. Dort lebte sie zurückgezogen bis zu ihrem Tod 1763. Hildburghausen überstand den ganzen Skandal ohne größere Schäden. Er stieg in der Armee auf, musste allerdings gegen Friedrich den Großen eine schwere Niederlage hinnehmen. Wirklich profiliert hat er sich später nur als Veranstalter rauschender Feste.

Um Prinz Eugens Erbe aber war es schlecht bestellt. Abgesehen davon, dass viele seiner Gemälde in dunklen Kanälen verschwanden, hatte Victoria nicht das Format und das Verständnis, um die Verantwortung zu begreifen, die ihr mit diesem Vermächtnis zugefallen war. So gingen Prinz Eugens private Dokumente und Korrespondenzen verloren, auch die über den Bau seiner Palais. Die vier antiken Statuen wurden rasch zu Geld gemacht, und so manches kostbare Sammlerstück verschwand spurlos. Dass noch weit größerer Schaden angerichtet werden konnte, verhinderte das Kaiserhaus.

Das Kaiserhaus schaltet sich ein

Bei der Gemäldesammlung hatte der Kaiser zwar wenig Glück, ein Großteil der Bilder wurde nach Turin gebracht, wo zuvor schon Huchtenburgs Schlachtenbilder aus Schloss Hof gelandet waren. Die Bibliothek aber konnte Franz Stephan von Lothringen retten, Victoria verzichtete im Gegenzug endgültig auf Ráckeve und erhielt eine Jahresrente von 10 000 Gulden. Die prachtvoll gebundenen Bücher werden heute im Prunksaal der Österreichischen Nationalbibliothek aufbewahrt, Zeichnungen und Kupferstiche sind in der Albertina.

Nach zähem Ringen mit dem Haus Savoyen in Turin gelang es dem Kaiserhaus, nach Prinz Eugens Stadtpalais auch das Gartenpalais am Rennweg, das nun das »Untere Belvedere« genannt wurde, und seinen »Garten« zu erwerben. Um das »Obere Belvedere« wurde länger gestritten, schließlich konnte es Maria Theresia gegen eine Anzahlung von 50 000 Gulden und eine langjährige Ratenvereinbarung erwerben.

Das Stadtpalais wurde lange für Verwaltungszwecke verwendet, heute residiert in den prachtvollen Räumlichkeiten der Finanzminister. Das »Obere Belvedere« beherbergte später hundert Jahre lang die habsburgische Gemäldegalerie, 1904 bis 1914 war es der Wohnsitz von Thronfolger Franz Ferdinand und 1934 bis 1938 von Kanzler Kurt Schuschnigg. Im wahrsten Sinne des Wortes Geschichte geschrieben wurde in diesem Palais am 15. Mai 1955, als die Außenminister der vier Besatzungsmächte im Marmorsaal den österreichischen Staatsvertrag unterzeichneten. Heute werden die Räume beider Palais jedes Jahr von tausenden Besuchern aus aller Welt gestürmt, um die Kunstwerke der Österreichischen Galerie Belvedere sehen zu können.

Schloss Hof wurde 1754 zum Schauplatz des aufwändigsten und teuersten Barockfestes, das die Monarchie jemals erlebt hat. »Hilpertshausen« lud das Kaiserpaar ein, in einer Art »Verkaufspräsentation« bot er seinen kaiserlichen Ehrengästen eine drei Tage dauernde Abfolge immer neuer Sensationen. Damen in knisternden Roben wandelten auf den Kieswegen und naschten von den Orangenbäumchen nicht nur die in der damaligen Zeit seltenen und kostbaren Früchte, sondern auch zwischen den Blättern befestigtes, kandiertes und geeistes Obst oder kleine Kunstwerke aus Marzipan und Schokolade. Auf einer künstlichen Insel im Teich stellten zwei Schauspielertruppen eine antike Seeschlacht nach und sobald es dunkel wurde, schrieben Feuerwerke die Namen des Herrscherpaares und ihrer Kinder in den Himmel. Die berühmtesten Sänger der Hofoper sangen gemeinsam mit 200 Bauern aus der Umgebung Huldigungskantaten für das Kaiserpaar. Unterschiedlichste Tiere traten zur Belustigung der Gäste kostümiert als Figuren der Commedia dell'Arte auf, und bei den abendlichen Aufführungen im Heckentheater tauchten hunderte bunte Glasprismen die Bühne in ein schillerndes Licht.

Das alles verfehlte seine Wirkung nicht: Bezaubert von der Anmut des Ensembles erwarb Maria Theresia Schloss Hof. Sie stockte es später auf und nützte es als glanzvollen Rahmen für

Um 1760 malte Bernardo Bellotto, genannt Canaletto, Schloss Hof von allen Seiten. Die Ansicht von Westen zeigt Brunnen und Ehrenhof.

Feste. Die Inschrift »Prinz Eugen hat es erbaut, Kaiser Franz hat es erwählt, um die Seele von der Last des Herrschens zu erleichtern« erinnert auch heute noch an seine ersten Besitzer – und an seine Aufgabe. Später allerdings geriet die ganze Schlossanlage in Vergessenheit. Unkraut und Gestrüpp überwucherten den einst gerühmten Festgarten – und bildeten so etwas wie eine lebende Schutzschicht, unter der die Grundstruktur des Gartens intakt erhalten blieb.

Schloss Hof in neuem Glanz

Seit wenigen Jahren erstrahlt das einstige Fest- und Jagdschloss in neuem Glanz. Drei Jahre lang wurde mit enormem Aufwand intensiv renoviert, jetzt gilt Schloss Hof als Österreichs größte Schlossanlage auf dem Lande. Der auf sieben künstlichen, zur March hin abfallenden Terrassen angelegte Barockgarten, der schon bald nach seiner Fertigstellung als Sensation galt und der so gut wie alle vergleichbaren Anlagen Europas an Eleganz, Pracht und Raffinesse übertraf, ist wiedererstanden. Die reichen Broderiebeete, die Pavillons, Bosketten, Skulpturengruppen und Brunnenanlagen faszinieren auch heute alle Besucher auf Anhieb. Um sie in der ursprünglichen Farb- und Formenvielfalt wiederherstellen zu können, griffen die Gartenarchitekten

Nach der Revitalisierung erstrahlt auch die Gartenfassade von Schloss Hof in dem Erscheinungsbild, das ihr Kaiserin Maria Theresia verliehen hat.

Als riesiger, vor den Augen des Besuchers verschwenderisch ausgebreiteter lebender Teppich, so präsentiert sich die Gartenanlage heute wieder.

auf historische Quellen und exakte Pläne aus der Zeit zurück. Zur Orientierung dienten auch drei um das Jahr 1760 entstandene Gemälde von Canaletto sowie die Ergebnisse der landschaftsarchäologischen Grabungen vor Ort.

Nach der aufwändigen Revitalisierung erleichtert die Parkanlage die Seele ihrer Besucher auch heute von allen möglichen Lasten. Die Neugestaltung der Barockbeete stellte für die Gärt-

Die Räume des Schlosses wurden mit größter Sorgfalt restauriert, wie dieses Empfangszimmer im ehemaligen Appartement Maria Theresias.

ner eine Herausforderung dar. Um sie historisch korrekt wiedererstehen zu lassen, verwendeten sie genau jene Gewächse, die dem Garten schon zu Zeiten Prinz Eugens europaweiten Ruhm verschafft hatten. Auch das Füllmaterial zwischen den Pflanzen ist dasselbe wie zur Barockzeit: schneeweißer Carrara-Marmor, Ziegelbruch und Holzkohle.

So verschwenderisch wie die Gebäude und der Park war auch das Interieur des Festschlosses. Das wertvolle Mobiliar hat in den letzten hundert Jahren eine wahre Odyssee erlebt. Als um 1898 das Interesse an Schloss Hof erlosch, übergab es Kaiser Franz Joseph der Armee als Ausbildungsstätte. Bevor sich Soldaten samt ihren Rössern einquartierten, wurde das Mobiliar in Depots oder in andere Schlösser gebracht. 200 Wagenladungen mit Möbeln und Kunstgegenständen rollten damals aus dem Marchfeld nach Wien. Das originale Interieur wieder ausfindig zu machen, bedeutete regelrechte »Detektivarbeit«. Schließlich gelang es aber doch, 15 Räume völlig authentisch zu möblieren.

Der Festsaal von Schloss Hof: ein Raum wie geschaffen für Sinnenfreuden und große, barocke Feste.

Der Meierhof ist ebenfalls neu erstanden, mit originalgetreuen Handwerksstuben und als Arche Noah für Tiere, die vom Aussterben bedroht sind. Wie vor 300 Jahren bevölkern altösterreichische Haustierrassen die Weiden und Stallungen. In Zusammenarbeit mit dem Tiergarten Schönbrunn wurden artgerechte Lebensräume für rund 20 Tierarten geschaffen, darunter Nonius-Pferde, temperamentvolle Gidrans-Pferde, robuste Noriker, elegante Lipizzaner, wachsame Walachenschafe, wollhaarige Mangalizaschweine, weiße Esel, chinesische Seidenhühner und Sulmtaler Hühner. Und auch das Glashaus wurde behutsam in seinen ursprünglichen Zustand zurückgeführt.

Prinz Eugen der Gegenwart

Der aus Frankreich stammende Nationalheld Österreichs, dessen Wurzeln nach Italien reichen, ist in Wien auch heute noch lebendig. Besucher begegnen dem genialen Feldherrn und klugen Staatsmann, der einst als bettelarmer Flüchtling nach Wien gekommen war und es zum reichsten Mann seiner Epoche gebracht hatte, überall dort, wo sich die Kaiserstadt am prachtvollsten zeigt: in seinem Palais, dem Unteren und dem Oberen Belvedere, im Prunksaal der Nationalbibliothek, in seinem Grabmal in der Kreuzkapelle des Stephansdoms, in der Figurenparade der Ankeruhr, und, natürlich, in seinem monumentalen Reiterstandbild am Heldenplatz.

Die Geschichte dieses Denkmals ist so kurios wie das Leben des Mannes, der einst drei Kaisern gedient hat. Anlässlich des 200. Geburtstages von Prinz Eugen hatte Kaiser Franz Joseph den berühmten Bildhauer Anton Fernkorn damit beauftragt, als Gegenstück zum Reiterstandbild Erzherzog Karls auch für ihn ein monumentales Denkmal zu schaffen. Fernkorn konnte dafür nur noch Entwürfe liefern, er hatte infolge von Überarbeitung bereits drei Schlaganfälle erlitten und war geistig umnachtet. Damit das Denkmal doch noch rechtzeitig fertiggestellt werden konnte, stellte Kaiser Franz Joseph sogar Bronze aus dem Arsenal zur Verfügung. Aber auch das half nicht viel. Es konnte erst am 18. Oktober 1865 feierlich enthüllt werden, zwei Jahre nach dem Jubiläum.

Also blickt Prinz Eugen seit seinem 202. Geburtstag in Richtung Kahlenberg, wo einst alles begann: ein breitschultriger, kraftstrotzender Draufgänger mit strammen Waden. In Wirklichkeit hat er so nie ausgesehen. Das Schicksal hat ihn nicht mit einem strahlenden Äußeren ausgestattet, und ihm auch keine goldenen Brücken in die Zukunft gebaut. Er musste sich alles selbst erkämpfen. Und das war vielleicht ein Glück für Österreich.

Der Nationalheld auf dem Wiener Heldenplatz: Anton Fernkorns kühnes Prinz-Eugen-Denkmal

Anmerkungen

KAPITEL 1

1 Vorstehend abgedruckte Stelle ist einer der beiden Erziehungsinstruktionen entnommen, die sich im Badischen Generallandesarchiv Karlsruhe befinden. Vgl. Albert Krieger: Zwei Instruktionen des Markgrafen Ferdinand Maximilian von Baden-Baden für die Erziehung seines Sohnes Ludwig Wilhelm, Zeitschr. f. d. Gesch. d. Oberrheins, NF. IV (43), 1889, p. 76ff.

2 Zitiert nach Sylvia Jurewitz-Freischmidt: Galantes Versailles, Casimir Katz Verlag, Gernsbach 2004.

3 Zitiert nach Max Braubach: Prinz Eugen von Savoyen, Band 1, Verlag für Geschichte und Politik, Wien 1963 (S. 74).

4 Zitiert nach Max Braubach: Prinz Eugen von Savoyen, Band 1, Verlag für Geschichte und Politik, Wien 1963 (S. 77).

5 Zitiert nach Max Braubach: Prinz Eugen von Savoyen, Band 1, Verlag für Geschichte und Politik, Wien 1963 (S. 69).

KAPITEL 2

1 Zitiert nach Gerhard Herm: Glanz und Niedergang des Hauses Habsburg, Econ Verlag, Düsseldorf, Wien, New York 1989 (S. 49).

2 Tagebuch der Belagerung Wiens, Milliyet Yayinlari, Istanbul 1970.

3 Zitiert nach Gerhard Herm: Glanz und Niedergang des Hauses Habsburg, Econ Verlag, Düsseldorf, Wien, New York 1989 (S. 54f.).

4 Zitiert nach Gerhard Herm: Glanz und Niedergang des Hauses Habsburg, Econ Verlag, Düsseldorf, Wien, New York 1989 (S. 31).

5 Zitiert nach Max Braubach: Prinz Eugen von Savoyen, Band 1, Verlag für Geschichte und Politik, Wien 1963 (S. 109).

6 Zitiert nach Max Braubach: Prinz Eugen von Savoyen, Band 1, Verlag für Geschichte und Politik, Wien 1963 (S. 113).

KAPITEL 3

1 Zitiert nach Ernst Trost: Prinz Eugen, Amalthea Verlag, Wien 1985 (S. 73).

2 Zitiert nach Max Braubach, Prinz Eugen von Savoyen, Band 1, Verlag für Geschichte und Politik, Wien 1963 (S. 197).

3 Zitiert nach Max Braubach, Prinz Eugen von Savoyen, Band 1, Verlag für Geschichte und Politik, Wien 1963 (S. 242).

4 Zitiert nach Egon Cäsar Conte Corti: Der edle Ritter, Anekdoten um den Prinzen Eugen, Freundsberg Verlag, Berlin 1941.

5 Zitiert nach Max Braubach, Prinz Eugen von Savoyen, Band 1, Verlag für Geschichte und Politik, Wien 1963 (S. 241).

6 Zitiert nach Franz Herre: Prinz Eugen. Europas heimlicher Herrscher, Deutsche Verlagsanstalt, Stuttgart 1997 (S. 60).

7 Zitiert nach Franz Herre: Prinz Eugen. Europas heimlicher Herrscher, Deutsche Verlagsanstalt, Stuttgart 1997.
8 Zitiert nach Otto Stradal: Der andere Prinz Eugen, Österreichischer Bundesverlag, Wien 1982 (S. 39).
9 Zitiert nach Franz Herre: Prinz Eugen. Europas heimlicher Herrscher, Deutsche Verlagsanstalt, Stuttgart 1997 (S.64).
10 Zitiert nach Ernst Trost: Prinz Eugen, Amalthea Verlag, Wien 1985 (S. 84).

KAPITEL 4

1 Zitiert nach Gerhard Herm: Glanz und Niedergang des Hauses Habsburg, Econ Verlag, Düsseldorf, Wien, New York 1989 (S. 79).
2 Zitiert nach Max Braubach, Prinz Eugen von Savoyen, Band 1, Verlag für Geschichte und Politik, Wien 1963 (S. 329).
3 Zitiert nach Egon Cäsar Conte Corti: Der edle Ritter, Anekdoten um den Prinzen Eugen, Freundsberg Verlag, Berlin 1941.
4 Zitiert nach Franz Herre: Prinz Eugen. Europas heimlicher Herrscher, Deutsche Verlagsanstalt, Stuttgart 1997 (S. 119).
5 Zitiert nach Franz Herre: Prinz Eugen. Europas heimlicher Herrscher, Deutsche Verlagsanstalt, Stuttgart 1997 (S. 126).
6 Zitiert nach Gerhard Herm: Glanz und Niedergang des Hauses Habsburg, Econ Verlag, Düsseldorf, Wien, New York 1989 (S. 99).
7 Zitiert nach Gerhard Herm: Glanz und Niedergang des Hauses Habsburg, Econ Verlag, Düsseldorf, Wien, New York 1989 (S. 100).
8 Zitiert nach Franz Herre: Prinz Eugen. Europas heimlicher Herrscher, Deutsche Verlagsanstalt, Stuttgart 1997 (S. 218).
9 Zitiert nach Egon Cäsar Conte Corti: Der edle Ritter, Anekdoten um den Prinzen Eugen, Freundsberg Verlag, Berlin 1941 (S. 83).
10 Zitiert nach Franz Herre: Prinz Eugen. Europas heimlicher Herrscher, Deutsche Verlagsanstalt, Stuttgart 1997 (S. 222).
11 Zitiert nach Franz Herre: Prinz Eugen. Europas heimlicher Herrscher, Deutsche Verlagsanstalt, Stuttgart 1997 (S.227).

KAPITEL 5

1 Zitiert nach Max Braubach, Prinz Eugen von Savoyen, Band 1, Verlag für Geschichte und Politik, Wien 1963 (S.78).
2 Zitiert nach Max Braubach, Prinz Eugen von Savoyen, Band 1, Verlag für Geschichte und Politik, Wien 1963 (S.128).
3 Zitiert nach Max Braubach, Prinz Eugen von Savoyen, Band 4, Verlag für Geschichte und Politik, Wien 1963 (S.210).
4 Zitiert nach Max Braubach, Prinz Eugen von Savoyen, Band 4, Verlag für Geschichte und Politik, Wien 1963 (S.20).

KAPITEL 6

1 Zitiert nach Max Braubach: Prinz Eugen von Savoyen, Band 1, Verlag für Geschichte und Politik, Wien 1963 (S. 56).
2 Zitiert nach Max Braubach: Prinz Eugen von Savoyen, Band 1, Verlag für Geschichte und Politik, Wien 1963 (S. 59).
3 Zitiert nach Max Braubach: Prinz Eugen von Savoyen, Band 1, Verlag für Geschichte und Politik, Wien 1963 (S. 156).
4 Zitiert nach Max Braubach: Prinz Eugen von Savoyen, Band 1, Verlag für Geschichte und Politik, Wien 1963 (S. 156).
5 Zitiert nach Ernst Trost: Prinz Eugen, Amalthea Verlag, Wien 1985 (S. 275).
6 Zitiert nach Max Braubach: Prinz Eugen von Savoyen, Band 1, Verlag für Geschichte und Politik, Wien 1963 (S. 279).
7 Zitiert nach Otto Stradal: Der andere Prinz Eugen, Österreichischer Bundesverlag, Wien 1982 (S.105).
8 Zitiert nach Max Braubach: Prinz Eugen von Savoyen, Band 5, Verlag für Geschichte und Politik, Wien 1963 (S. 146).
9 Zitiert nach Otto Stradal: Der andere Prinz Eugen, Österreichischer Bundesverlag, Wien 1982 (S.104).
10 Zitiert nach Max Braubach: Prinz Eugen von Savoyen, Band 5, Verlag für Geschichte und Politik, Wien 1963 (S. 148).
11 Zitiert nach Ernst Trost: Prinz Eugen, Amalthea Verlag, Wien 1985 (S. 276).

KAPITEL 7

1 Zitiert nach Max Braubach: Prinz Eugen von Savoyen, Band 5, Verlag für Geschichte und Politik, Wien 1963 (S. 36).
2 Zitiert nach Otto Stradal: Der andere Prinz Eugen, Österreichischer Bundesverlag, Wien 1982 (S. 70).
3 Zitiert nach Max Braubach: Prinz Eugen von Savoyen, Band 5, Verlag für Geschichte und Politik, Wien 1963 (S. 44).
4 Zitiert nach Ernst Trost: Prinz Eugen, Amalthea Verlag, Wien 1985 (S. 296).
5 Zitiert nach Max Braubach: Prinz Eugen von Savoyen, Band 5, Verlag für Geschichte und Politik, Wien 1963 (S. 62).
6 Zitiert nach Max Braubach: Prinz Eugen von Savoyen, Band 5, Verlag für Geschichte und Politik, Wien 1963 (S. 67).
7 Zitiert nach Ernst Trost: Prinz Eugen, Amalthea Verlag, Wien 1985 (S. 298).
8 Zitiert nach Max Braubach: Prinz Eugen von Savoyen, Band 5, Verlag für Geschichte und Politik, Wien 1963 (S. 68).
9 Zitiert nach Otto Stradal: Der andere Prinz Eugen, Österreichischer Bundesverlag, Wien 1982 (S.71f.).
10 Zitiert nach Pia Maria Plechl: Prinz Eugen: »Bauherr, Sammler und Mäzen«, erschienen in: Prinz Eugen und das Marchfeld, Verlag Wilhelm Braumüller, Wien 1986.

11 Zitiert nach Max Braubach: Prinz Eugen von Savoyen, Band 5, Verlag für Geschichte und Politik, Wien 1963 (S. 134).
12 Zitiert nach Pia Maria Plechl: Prinz Eugen: »Bauherr, Sammler und Mäzen«, erschienen in: Prinz Eugen und das Marchfeld, Verlag Wilhelm Braumüller, Wien 1986.
13 Otto Stradal: Der andere Prinz Eugen, Österreichischer Bundesverlag, Wien 1982 (S. 124).

KAPITEL 8

1 Zitiert nach Max Braubach: Prinz Eugen von Savoyen, Band 3, Verlag für Geschichte und Politik, Wien 1963 (S. 201).
2 Zitiert nach Max Braubach: Prinz Eugen von Savoyen, Band 5, Verlag für Geschichte und Politik, Wien 1963 (S. 174).
3 Zitiert nach Max Braubach: Prinz Eugen von Savoyen, Band 5, Verlag für Geschichte und Politik, Wien 1963 (S. 174).
4 Zitiert nach Pia Maria Plechl: Prinz Eugen: »Bauherr, Sammler und Mäzen«, erschienen in: Prinz Eugen und das Marchfeld, Verlag Wilhelm Braumüller, Wien 1986.
5 Zitiert nach Max Braubach: Prinz Eugen von Savoyen, Band 5, Verlag für Geschichte und Politik, Wien 1963 (S. 79).
6 Zitiert nach Pia Maria Plechl: Prinz Eugen: »Bauherr, Sammler und Mäzen«, erschienen in: Prinz Eugen und das Marchfeld, Verlag Wilhelm Braumüller, Wien 1986.
7 Zitiert nach Max Braubach: Prinz Eugen von Savoyen, Band 5, Verlag für Geschichte und Politik, Wien 1963 (S. 83).
8 Zitiert nach Ernst Trost: Prinz Eugen, Amalthea Verlag, Wien 1985 (S. 293).

KAPITEL 9

1 Zitiert nach Max Braubach: Prinz Eugen von Savoyen, Band 5, Verlag für Geschichte und Politik, Wien 1963 (S. 201).
2 Otto Stradal: Der andere Prinz Eugen, Österreichischer Bundesverlag, Wien 1982 (S.176).
3 Zitiert nach Pia Maria Plechl: Prinz Eugen: »Bauherr, Sammler und Mäzen«, erschienen in: Prinz Eugen und das Marchfeld, Verlag Wilhelm Braumüller, Wien 1986.
4 Zitiert nach Max Braubach: Prinz Eugen von Savoyen, Band 5, Verlag für Geschichte und Politik, Wien 1963 (S. 319).
5 Zitiert nach Max Braubach: Prinz Eugen von Savoyen, Band 5, Verlag für Geschichte und Politik, Wien 1963 (S. 319).
6 Zitiert nach Max Braubach: Prinz Eugen von Savoyen, Band 5, Verlag für Geschichte und Politik, Wien 1963 (S. 330).

Bildnachweis

akg-images: *S. 10 (Kupferstich von Matthäus Merian d. Ä.), S. 14 (Gemälde aus der Mignard-Schule), S. 43 (Skulptur von Anton Schmidgruber), S. 44 (Gemälde von Joseph Vivien), S. 56 (Holzstich nach Zeichnung von Theobald von Oer), S. 69 (Marlborough und Prinz Eugen, Holzstich nach Zeichnung von W. Camphausen), S. 78 (Kupferstich von Jan van Huchtenburgh), S. 118 (Gemälde nach Pierre Mignard), S. 158*
akg-images/Erich Lessing: *S. 65, S. 80 (Gemälde von Ignace Jacques Parrocel), S. 89, S. 91, S. 112, S. 132, S. 140, S. 180 (Gemälde von Bernardo Bellotto)*
akg-images/Nimatallah: *S. 12 (Gemälde von Nicolas Mignard), S. 156 (Gemälde von Johann Rudolf Huber)*
akg-images/Rabatti-Domingie: *S. 76 (Gemälde von Adriaen van der Werff)*
akg-images/VISIOARS: *S. 19 (Gemälde von Charles Le Brun)*
Belvedere, Wien: *S. 77 (Gemälde von Johann Gottfried Auerbach), S. 101, S. 135, S. 137, S. 141, S. 142, S. 144 (Stich von Salomon Kleiner), S. 168 (Skulptur von Balthasar Permoser)*
Budapester Tourismusamt: *S. 47*
Bundesministerium für Finanzen, Wien, Fotos: Pilo Pichler: *S. 125, S. 128, S. 129, S. 130, S. 167*
Hervé Champollion/akg-images: *S. 185 (Denkmal von Anton Fernkorn)*
Illustrationen aus »Karl Toifel, Die Türken vor Wien im Jahre 1683«, Prag–Leipzig 1883: *S. 28/29 und 31 (nach einem Kupferstich von Daniel Hüttinger), S. 34, S. 35, S. 37, S. 39, S. 96*
Imagno/Austrian Archives: *S. 71 und 72 (Stiche von Salomon Kleiner)*
Kroatische Zentrale für Tourismus: *S. 98*
Kunsthistorisches Museum, Wien: *S. 82 (Prinz Eugen, Medaille auf den Frieden von Rastatt)*
Österreichische Nationalbibliothek, Bildarchiv: *S. 16 (Stich von Pierre Lombard), S. 63, S. 79, S. 104, S. 115 (Stich von Georg Martin Preissler), S. 153 (Brief Prinz Eugens anlässlich des Kaufes der Tabula Peutingeriana), S. 160, S. 164, S. 177 (Stich von Johann Christoph Sysang)*
Schloss Hof: *S. 7, S. 26, S. 53, S. 106, S. 150, S. 171, S. 175 (Stich von Salomon Kleiner), S. 182 o.*
Schloss Hof/Lois Lammerhuber: *S. 147, S. 181, S. 182 u., S. 183*
Schlosshotel Savoyai Ráckeve: *S. 134*
Fritz Simak: *S. 93 (Porträt Prinz Eugens), S. 148, S. 149, S. 163*
Sotheby's/akg-images: *S. 61 (Gemälde, anonym), S. 85 (Gemälde von Jean-Baptiste Vanmour)*
Jörg Wollmann: *S. 139*

Bei einigen Fotos ist es leider nicht gelungen, die heutigen Rechteinhaber zu ermitteln. Wir bitten diese, sich mit dem Verlag in Verbindung zu setzen. Rechtmäßige Ansprüche werden nach Geltendmachung zu den üblichen Konditionen vom Verlag abgegolten.

BIOGRAFIEN

K&S

WEISSENSTEINERs ERFOLGSBÜCHER

Weissensteiners Werk: „Insgesamt ein informativer, außerordentlich gut lesbarer und verdienstvoller Beitrag zur Erhellung einer symptomatischen Episode der österreichischen Geschichte, der Neues in anregender und fesselnder Form bietet.“ *(Die Presse)*

„In seinen Lebensbildern ist Friedrich Weissensteiner einmal mehr ein eindrucksvoller literarischer Bogen gelungen.“ *(Ö1/Wissen aktuell)*